U0455552

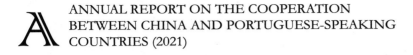

ANNUAL REPORT ON THE COOPERATION
BETWEEN CHINA AND PORTUGUESE-SPEAKING
COUNTRIES (2021)

中国与葡语国家合作研究报告
（2021）

RELATÓRIO ANUAL SOBRE A COOPERAÇÃO ENTRE A
CHINA E OS PAÍSES DE LÍNGUA PORTUGUESA (2021)

研 创／广东外语外贸大学葡语国家研究所
主 编／丁 浩 尚雪娇

社会科学文献出版社
SOCIAL SCIENCES ACADEMIC PRESS (CHINA)

《中国与葡语国家合作研究报告（2021）》
编 委 会

主　　编　丁　浩　尚雪娇

编辑委员会　（按姓氏笔画排序）

丁　浩　马如飞　申明浩　叶桂平　刘成昆

许长新　李　青　张曙光　茅银辉　尚雪娇

周志伟　庞　川　钟　怡　曹家和

〔葡〕何塞·阿尔维斯

〔巴〕罗勃瓦尔·特谢拉·席尔瓦

主要编撰者简介

丁　浩　广东外语外贸大学商学院副院长，管理学博士，副教授，硕士生导师，葡语国家研究所所长，全国港澳研究会会员，澳门特色金融协会副会长，全国研究生教育评估监测专家。主要研究领域为管理科学与工程、金融风险管理、粤港澳经济金融、中国与葡语国家经贸合作。入选广东省高校优秀青年教师培养计划，主持国家社科基金项目 1 项、省部级项目 3 项、澳门基金会课题 2 项。出版《澳门货币》（专著）、《中国与葡语国家合作发展报告（2019）》（第一主编）等，在《当代经济科学》、《港澳研究》、*Finance Research Letters* 等刊物发表学术论文 40 余篇。

尚雪娇　广东外语外贸大学西方语言文化学院葡萄牙语系系主任，副教授，澳门大学博士研究生，葡语国家研究所执行所长，全国科学技术名词审定委员会专家。主要关注葡萄牙语国家社会与文化、中国文化对外传播、葡语习得的跨语言影响、中葡口笔译实践等领域的研究。出版"中国蒙学经典故事丛书"系列译著 4 部，并分别获得 2017 年、2019 年中国外语非通用语优秀科研成果译著类三等奖。出版《中国与葡语国家合作发展报告（2020）》（第一主编），在国内外学术期刊发表论文 10 余篇。

摘　要

在单边主义、保护主义继续蔓延的复杂国际形势和新冠肺炎疫情带来的严重冲击下，2020 年，中国与葡语国家沉着应对，经受住这些严峻考验，并化危机为机遇，双方在经贸、教育和文化等领域的合作稳步推进并不断创新。《中国与葡语国家合作研究报告（2021）》从中国与葡语国家合作的视角，着重从经贸合作和人文交流领域阐述中国与安哥拉、巴西、佛得角、几内亚比绍、莫桑比克、葡萄牙、圣多美和普林西比、东帝汶 8 个葡语国家的合作与发展情况。

2020 年，葡语国家政局基本平稳，莫桑比克和葡萄牙总统顺利实现连任，几内亚比绍和东帝汶的政治危机和施政困难得到较大缓解，但在新冠肺炎疫情的催化下，安哥拉和巴西等国出现小范围反政府示威游行。在经济方面，除圣多美和普林西比实现 3.09% 的正增长外，其他葡语国家经济均出现不同程度的下滑，如何在疫情持续的形势下促进经济增长仍然是各葡语国家要解决的难题。

在经贸合作方面，2020 年受新冠肺炎疫情影响，中国与葡语国家的经贸合作出现轻微下滑，双方商品贸易总值为 1451.85 亿美元（同比下降 2.98%），但仍保持连续四年超过千亿美元的势头。因疫情对旅行、运输等传统服务领域的冲击较大，国际服务贸易出现较大下滑，双方积极拓展在非传统服务贸易领域的合作。中国对葡语国家的直接投资出现较大幅度下降，但中国依靠尖端技术在葡语国家的投资大有前景，而葡语国家也通过营商环境的改进增强对中国投资的吸引力。中国对外承包工程克服不利因素稳步发展，新签合同额出现轻微下降，在葡语国家的基础设施领域承包工程成为主角。中国与葡语国家通过线上交易会、博览会和专业展会等形式，克服疫情带来的不利影响，推动双方的经贸交流与合作。

2020年是中国高校葡语专业创建60周年的重要年份，并且迎来首个"世界葡萄牙语日"，孔子学院由新成立的中国国际中文教育基金会运营，有利于进一步扩大品牌影响力。为克服疫情带来的不利影响，中国与葡语国家通过线上研讨、云互动等创新形式推进教育领域合作，基于葡萄牙语线上学习平台、粤港澳大湾区葡语教育联盟等推动双方的教育资源共享和优势互补。中国与葡语国家就疫情防控开展了多层次学术交流，智库也充分发挥作用，在公共卫生、经贸合作和社会文化等领域持续出谋划策。

在文化交流方面，孔子学院在推动中文教育的基础上组织开展了丰富多彩的文化活动，为葡语国家人民搭建了解中国文化的平台，以春节为代表的传统节庆活动在葡语国家华侨华人团体的推动下持续举办，而中医药所蕴含的中华优秀传统文化也在2020年这一特殊年份在葡语国家得到大力推广。图书、影视等也成为中国文化在葡语国家传播的重要载体。葡语国家文化也以澳门为主要平台，越来越多地进入中国民众的视野，中国与葡语国家在文化互鉴与交流方面持续推进。

在国际局势严峻复杂、新冠肺炎疫情肆虐的2020年，中国与葡语国家在国际舞台上发声，相互支持，在双边合作中守望相助，真正做到了"同舟共济"，中国与葡语国家的友谊历经磨炼与洗礼而弥足珍贵，更加可贵的是中国与葡语国家以"化危为机"的理念与智慧，在积极探索新的合作与发展之路上不断努力，在服务贸易、数字经济、跨境电商领域的创新突破，使得本来相距遥远、分布广泛的中国与葡语国家迎来了合作与发展的新机遇。展望未来，疫情带来的世界格局深刻变化仍在持续，大国之间的关系也日趋复杂，但历经磨炼的中国与葡语国家友谊不会褪色，稳步推进的中国与葡语国家合作不会停滞。随着澳门不断融入国家发展大局和平台作用的持续发挥，中国与葡语国家必将在新时代的高质量合作中再谱共同发展的新篇章，通过中国与葡语国家命运共同体的构建与建设，为人类命运共同体这一宏伟目标的实现贡献更加积极的力量。

关键词：葡语国家　合作发展　"一带一路"倡议　粤港澳大湾区中葡论坛

目 录

Ⅰ 总报告

Ⅱ 经贸合作篇

Ⅲ 人文交流篇

Ⅳ　附录

总 报 告

General Report

Ａ.1

同舟共济、化危为机：2020年中国与葡语国家的合作发展

丁　浩　尚雪娇*

摘　要： 2020年是极不平凡的一年，新冠肺炎疫情给包括中国与葡语国家在内的世界各国带来重大挑战，也给中国与葡语国家的合作带来严重冲击。中国与葡语国家沉着应对，经受住这一严峻考验，并化危机为机遇，双方在经贸、教育和文化等领域的合作稳步推进并不断创新。2020年，葡语国家政局基本平稳，虽然在新冠肺炎疫情的影响下出现小范围动荡，但相关葡语国家选举工作顺利举行，施政困难得到较大缓解。除圣多美和普林西比实现正增长外，各国经济均出现不同程度

* 丁浩，管理学博士，广东外语外贸大学商学院副院长、副教授、硕士生导师，葡语国家研究所所长；尚雪娇，广东外语外贸大学西方语言文化学院葡萄牙语系副教授，葡语国家研究所执行所长，澳门大学博士研究生。

下滑，佛得角、东帝汶和葡萄牙下滑幅度较大。中国与葡语国家的商品贸易小幅下降，但仍超过千亿美元，双方将非旅行运输的服务贸易领域作为重要合作方向，直接投资、承包工程和劳务合作等领域虽受到冲击，但各项指数均显示未来合作的广阔前景和巨大潜力。2020 年是中国高校葡萄牙语专业创建 60 周年的重要年份，并且迎来首个"世界葡萄牙语日"，中国国际中文教育基金会的成立有利于孔子学院品牌价值的进一步提升，以 20 所孔子学院和 4 个孔子课堂为主要载体，中国与葡语国家在学生交流、教师互访、合作办学、科研合作和智库建设等方面稳步推进教育合作。中国文化在葡语国家进一步传播，中国与葡语国家的文化交流以澳门为主要平台持续推进。展望未来，新冠肺炎疫情对中国与葡语国家合作带来的影响仍将持续，如何在"同舟共济"的良好合作基础上，以"化危为机"的理念与智慧探索出新的合作发展之路将是双方共同的重要任务。在澳门不断融入国家发展大局和中国与葡语国家合作服务平台作用的持续发挥下，通过中国与葡语国家命运共同体的构建与发展，中国与葡语国家的合作将持续为人类命运共同体这一宏伟目标的实现贡献更加积极的力量。

关键词： 葡语国家　经贸合作　文化交流　中葡论坛　粤港澳大湾区

2020 年是中国历史上极不平凡的一年，面对单边主义、保护主义持续蔓延的严峻复杂国际形势，面对国内改革发展稳定的艰巨繁重任务，尤其是新冠肺炎疫情带来的严重冲击，中国在"十三五"收官之年精心谋划、果断行动，及时做出一系列行之有效的疫情防控和社会发展的重大决策，交出了一份高分"答卷"，与全球经济大幅萎缩 4.3% 形成鲜明对比的是，中国全年国内生产总值达 101.6 万亿元，经济总量迈上百万亿元的大台阶，比 2019 年增长 2.3%，成为全球唯一实现经济正增长的主要经济体。① 中国在 2020 年 "化危为机"，战略性地提出加快构建以国内大循环为主体、国内国际双循环相互促进的新发展格局，为 "十四五" 开好局、起好步奠定了坚实基础。

2020 年受新冠肺炎疫情影响，中国与葡语国家的经贸合作努力推进，但整体出现轻微下滑，双方商品贸易总值为 1451.85 亿美元，虽同比下降 2.98%，但仍连续四年超过千亿美元，因疫情对旅行、运输等传统服务领域的冲击较大，国际服务贸易出现较大下滑，但双方积极拓展在非传统服务贸易领域的合作，疫情 "阻挡不了服务贸易发展的脚步"。② 中国对葡语国家的直接投资出现较大幅度下降，但中国依靠尖端技术在葡语国家的投资大有前景，而葡语国家也通过营商环境的改进增强对中国投资的吸引力。中国对外承包工程克服不利因素稳步发展，新签合同额出现轻微下降，在葡语国家的基础设施领域承包工程成为主角，劳务合作与承包工程一样出现轻微下滑。中国与葡语国家通过线上交易会、博览会及专业展会等形式，克服疫情带来的不利影响，推动双方的经贸交流与合作。

2020 年，中国与葡语国家通过线上研讨、云互动等创新形式，不断推动教育学术交流与合作。2020 年中国国际中文教育基金会在北京成立，在其运营下孔子学院品牌价值得到进一步提升，设在葡语国家的孔子学院通过适时调整教学模式，保障了课堂的持续平稳开设。2020 年是中国高校葡语专业创建 60 周年的重要年份并迎来首个 "世界葡萄牙语日"，中国与葡语国家开创教育合作新模式，葡萄牙语线上学习平台、粤港澳大湾区葡语教育联盟等纷纷 "上线"，通过资源共享和优势互补，共同促进双方教育领域的合作。在学术领域，为携手共抗疫情，中国与葡语国家通过远程培训、线上研讨等方式就疫情防控进行交流合作，双方智库在公共卫生、经贸合

---

① 中国国家统计局：《中华人民共和国 2020 年国民经济和社会发展统计公报》，中国国家统计局网站，2021 年 2 月 28 日，http://www.stats.gov.cn/tjsj/zxfb/202102/t20210227_1814154.html。

② 习近平：《在 2020 年中国国际服务贸易交易会全球服务贸易峰会上的致辞》，2020 年 9 月 4 日。

作、社会文化等领域持续出谋划策。

在文化交流方面，孔子学院除推动中文教学和发展中文教育外，还通过丰富多彩的文化活动，为葡语国家人民搭建了解中国文化的交流平台。以春节为代表的传统节庆活动在葡语国家华侨华人团体的持续推动下，影响着越来越多的葡语国家人民。中医药除在公共卫生领域起到治疗和防治作用外，其蕴含的深厚中华优秀传统文化也在 2020 年这一特殊年份在葡语国家得到更大范围的推广。图书、影视等成为中国文化传播的重要载体，以澳门为主要平台，葡语国家的体育、艺术、传统手工艺、美食等特色文化和地方民俗越来越多地进入中国民众视野，进一步激发了中国民众体验葡语国家文化的兴趣，从而实现中国与葡语国家在文化互鉴与交流方面的持续推进。

一　2020年葡语国家概况

2020 年，葡语国家政局基本平稳，莫桑比克和葡萄牙总统顺利实现连任，[①] 几内亚比绍和东帝汶的政治危机和施政困难得到较大缓解，安哥拉和巴西出现多场反政府示威游行。2020 年，除圣多美和普林西比经济实现3.09%的正增长外，其他葡语国家经济均出现不同程度的下滑（见表1），佛得角、东帝汶和葡萄牙下滑幅度较大。从经济规模上来看，葡语国家的GDP 总额约为中国的 12%，其中巴西的经济规模最大，占葡语国家总量的比重超过80%，葡萄牙和安哥拉位居第二（13%）和第三（4%），其余五个葡语国家的经济规模较小，总和为 194 亿美元。

表 1　2016～2020 年中国及葡语国家的 GDP 与增速

单位：百亿美元，%

	2016 年		2017 年		2018 年		2019 年		2020 年	
	GDP	增速	GDP	增速	GDP	增速	GDP	增速	GDP	增速
中国	1123.33	6.85	1231.04	6.95	1389.48	6.75	1427.99	5.95	1472.27	2.30

① 葡萄牙总统大选于 2021 年 1 月进行。

续表

	2016 年		2017 年		2018 年		2019 年		2020 年	
	GDP	增速	GDP	增速	GDP	增速	GDP	增速	GDP	增速
安哥拉	10.11	-2.58	12.21	-0.15	10.14	-2.00	8.94	-0.62	6.23	-4.04
巴西	179.57	-3.28	206.35	1.32	191.69	1.78	187.78	1.41	144.47	-4.06
佛得角	0.17	4.71	0.18	3.70	0.20	4.53	0.20	5.67	0.17	-14.78
几内亚比绍	0.12	6.26	0.14	5.92	0.15	1.28	0.14	4.50	0.14	-2.40
莫桑比克	1.19	3.82	1.32	3.74	1.48	3.44	1.53	2.29	1.40	-1.28
葡萄牙	20.63	2.02	22.08	3.51	24.22	2.85	23.95	2.49	23.13	-7.56
圣多美和普林西比	0.03	4.16	0.04	3.85	0.04	2.95	0.04	2.21	0.05	3.09
东帝汶	0.17	3.36	0.16	-4.10	0.16	-1.05	0.20	18.72	0.18	-8.70

注：GDP 年增长率基于不变价的本币计算。

资料来源：世界发展指标（WDI），世界银行。

（一）安哥拉

2020 年安哥拉的政局总体稳定，政府于 2020 年 4 月进行大幅调整。但因民众生活受新冠肺炎疫情影响程度加深影响，出现多场反政府示威游行，原定于 2020 年举行的第一次地方政府选举推迟但并未确定日期，此亦为游行抗议的内容。社会治安形势严峻，针对外国人的治安案件呈多发态势，已成为撒哈拉以南非洲国家中针对外国人恶性刑事犯罪率最高的国家之一。

自 2016 年开始，安哥拉经济已经连续五年陷入衰退，受国际油价下滑和新冠肺炎疫情的双重影响，2020 年安哥拉 GDP 下降 4.04%，降幅为五年之最，继续暴露了安哥拉过度依赖石油产业的弊端。安哥拉的财政困难加剧，债务问题凸显，这些因素的积累为安哥拉政府偿债能力带来压力。2020 年 9 月，国际信用评级机构惠誉将安哥拉长期本、外币主权信用等级由"B-/B-"下调至"CCC/CCC"，并撤销其"稳定"展望。① 2020 年下半年，随着全球能源需求走强，石油价格随着经济复苏出现回升，在 2021 年第一季度的平均价格为每桶 59 美元，较 2020 年的 41 美元显著上涨。② 石油价格的上涨将缓解安哥拉经济面临的困境，但如何通过经济改革在过度依赖石油和寻求多元产业间找到平衡点，变得更加迫切。

（二）巴西

2020 年，巴西的政局大体稳定，未出现大的政治动荡，但在疫情暴发初期，巴西总统博索纳罗（Bolsonaro）未能积极支持包括社交隔离、口罩防护、停工停学等一系列防疫政策，巴西成为疫情"重灾区"。疫情的持续发酵进一步加剧了巴西的政治危机，总统博索纳罗欲借力军方介入政治、大幅改组内阁等举动引发不满，在疫情叠加政治危机的背景下，巴西国内出现要求总统博索纳罗下台的呼声。③ 2021 年 2 月，国会两院议长均实现改选，帕谢科（Pacheco）任参议长（兼任国会主席），里拉（Arthur Lira，进步党）任众议长，任期均为两年。2021 年 4 月，巴西联邦最高法院决定维持取消前总统卢拉（Lula）有罪判决，这一决定意味着卢拉恢复"自由身"，具有参加 2022 年巴西总统大选的权利，④ 实际上意味着 2022 年巴西总统选战很有可能在代表左翼的卢拉和右翼的现任总统博索纳罗之间展开。

2020 年，巴西经济扭转了其连续三年的增长势头，GDP 下降 4.06%，创下自 1981 年以来的最大年度跌幅，巴西从 2019 年的第九大经济体变成了第十二大经济体，跌出前十名，巴西的经济复苏之路仍然困难重重。疫情下为支持巴西政府加大对经济的财政救助，国会批准法案允许政府放弃财

---

① Fitch Ratings, "Fitch Downgrades Angola to 'CCC'", sep. 4, 2020, https://www.fitchratings.com/research/sovereigns/fitch-downgrades-angola-to-ccc-04-09-2020

② 国际货币基金组织：《地区经济展望：撒哈拉以南非洲》，2021 年 4 月。

③ 曾佳：《巴西疫情告急政军高层频换血 总统博索纳罗政治孤立加剧》，财新网，2021 年 4 月 7 日，https://international.caixin.com/2021-04-07/101687029.html。

④ 赵焱、陈威华：《巴西最高法院决定维持取消前总统卢拉有罪判决》，新华网，2021 年 4 月 16 日，http://www.xinhuanet.com/world/2021-04/16/c_1127337878.htm。

政目标，这也使得巴西政府的财政赤字和债务水平大幅飙升。2021年1月5日，博索纳罗表示巴西已陷入破产，媒体大肆宣扬更是给市场带来巨大的负面影响。

（三）佛得角

2020年，佛得角政局继续保持稳定，现任总统丰塞卡（Fonseca）和总理席尔瓦（Silva）均来自执政党争取民主运动（以下简称"民运"）。2020年5月，佛得角宣布受疫情影响，将继续担任葡共体轮值主席国至2021年。2021年为佛得角议会和总统选举的年份，4月举行的议会选举主要在执政党民运和反对党佛得角非洲独立党（以下简称"独立党"）之间展开，民运获得72议席中的38个成为议会绝对多数党，独立党赢得30个议席，民运将组建政府并提名总理人选。① 新冠肺炎疫情在佛得角暴发后，佛得角政府迅速采取一系列封关断航举措，后逐步解封。据佛得角卫生部数据，2020年确诊约11000例，死亡100例。

佛得角作为"小岛屿经济体"，对外高度开放，经济自主性差，对外部因素抵御能力较弱，佛得角政府在长期规划中注重增强经济的多样性。② 旅游业是佛得角的支柱产业，其温暖气候和岛国风情一直受到欧洲游客的青睐。然而受新冠肺炎疫情影响，2020年旅游业受到重创，直接导致佛得角经济下滑14.78%。尽管全球经济在2021年出现复苏，但对于佛得角这一旅游依赖型国家而言，旅游业仍将持续低迷。

（四）几内亚比绍

2020年2月，恩巴洛（Embaló）宣誓就任总统后，任命全国人民议会

---

① 驻佛得角共和国大使馆经济商务处：《佛得角国家选举委员会公布佛2021年议会选举最终结果》，2021年5月5日，http://cv.mofcom.gov.cn/article/jmxw/202105/20210503058180.shtml。

② 《佛得角副总理：经济多样化是避免经济崩溃和大规模失业的必经之路》，驻佛得角共和国大使馆经济商务处，2020年12月4日，http://cv.mofcom.gov.cn/article/jmxw/202012/20201203023241.shtml。

第一副议长纳比亚姆（Nabiam）为新总理，但直至6月才完成总理任命和政府组阁。① 恩巴洛总统上台后，几内亚比绍政局趋于稳定，同国际社会合作意愿浓厚。联合国几内亚比绍建设和平综合办事处（UNIOGBIS）于2020年年底完成其任务授权并正式关闭，② 这可视为几内亚比绍长期的政治危机趋缓的重要标志，但几内亚比绍要实现可持续和平与发展仍然需要国际社会的支持及政府和人民的努力。

几内亚比绍为全球47个最不发达国家之一，全国80%的人口以农业为生，但丰富的渔业资源开发远远不足，工业基础非常薄弱。几内亚比绍在2013～2019年连续7年实现较快增长，GDP年均增长超过4%，2020年经济增长势头暂停，GDP下降2.4%。

（五）莫桑比克

2020年1月，再次当选莫桑比克总统的纽西就职，根据第六次大选结果组成的议会正式运作，其中莫桑比克解放阵线党（以下简称"解阵党"）在议会250个席位中占据184席，莫桑比克解阵党在人民中的支持率再创新高。2020年，在政府与最大的反对党全国抵抗运动（以下简称"抵运"）之间签署的和平协议框架下，抵运残余武装分子解除武装、复员和重返社会（复员方案）的进程有序推进，莫桑比克的政治局势基本稳定。然而值得关注的是，2017年10月以来，莫桑比克天然气资源丰富的北部德尔加杜角省（Cabo Delgado）与恐怖分子的冲突在2020年进一步加剧，暴力事件和地区动荡已累计导致约70万人流离失所、上千人死亡，③ 当地大量基础设施遭到破坏，油气开发项目也受到严重冲击。

---

① 2020年4月23日，西非国家经济共同体发表声明，承认恩巴洛为胜选总统，要求其于5月22日前根据宪法任命总理和政府。6月29日，恩巴洛任命的纳比亚姆政府施政纲领在议会通过。

② 联合国在几内亚比绍的和平努力始于1999年的建设和平支助办事处（UNOGBIS），该机构于2010年被联合国几内亚比绍建设和平综合办事处所取代。

③ 聂祖国：《恐怖分子袭击莫桑比克北部地区致数十人丧生》，新华网，2021年3月29日，http://www.xinhuanet.com/2021-03/29/c_1127270429.htm。

2020年，受新冠肺炎疫情影响，莫桑比克的煤、铝等主要出口产品价格大幅下降，北部地区油气开发进程放缓，2020年莫桑比克GDP下降1.28%。随着莫桑比克大储量天然气田的逐步开发，加上出口的逐步恢复，世界银行在《全球经济展望》报告中预计，莫桑比克2021年和2022年经济将分别增长2.8%和4.4%。莫桑比克正在实施《国家经济发展战略（2015～2035）》，通过实现经济的结构性转型，进行多元化生产以提升国民的生活水平，目标是将莫桑比克打造成充满商业竞争、中等收入并可持续发展的国家。[①] 值得关注的是莫桑比克的债务问题在2020年进一步加剧，根据国际货币基金组织世界经济展望数据，2020年莫桑比克的政府债务占GDP比重上升至122%（较2019年的103%增加了近20个百分点），[②] 虽然G20提供的"暂缓债务偿付倡议"延迟了其短期偿债压力，但并没有降低其总体债务水平。

（六）葡萄牙

2020年，葡萄牙继续延续稳定的政局，2021年1月，在葡萄牙总统大选中，现任总统德索萨（de Sousa）顺利连任，[③] 他在胜选演说中表示当务之急是要对抗疫情。2021年6月，联合国大会表决确认曾为葡萄牙前总理的古特雷斯（Guterres）连任联合国秘书长，他的第二个任期于2022年1月1日开始。

受新冠肺炎疫情影响，葡萄牙自2014年连续六年经济平稳增长的势头被强力中断，2020年GDP大幅下降7.56%，降幅为自1974年建立民主政府以来之最。2020年，葡萄牙政府除积极应对疫情给经济带来的影响外，于9月发布了《2021～2030年国家海洋发展战略》（ENM 2021～2030），该

---

① 《莫桑比克：做好非洲门户 以贸易促发展——专访莫桑比克共和国驻华大使玛丽亚·古斯塔瓦》，《中国贸易报》2021年7月22日，第A3版。
② 国际货币基金组织世界经济展望数据库，2021年4月。
③ 德索萨在第一轮投票就胜出，得票率超过六成，较2016年增加近10个百分点。自葡萄牙1974年建立民主政府以来，现任总统在第一轮投票就赢得连任相当常见，德索萨前任4位总统都是以这般模式赢得第二个5年任期。

战略以提升海洋生态质量为路径，借助科技实现可持续蓝色发展、提升民生福祉和巩固葡萄牙全球海洋治理领导者地位，通过 10 个战略目标和 13 个优先领域设计未来十年的海洋开发模式。①

（七）圣多美和普林西比

2020 年，圣多美和普林西比（以下简称"圣普"）的总统、总理和议会三方处于较为平衡的状态，政局比较平稳，圣普自 2018 年开始实行议会选举，为国际社会称赞，世界银行称其为中部非洲国家民主的典范。2020 年 9 月，圣普对政府进行改组，2021 年圣普迎来总统大选。

2020 年，圣普经济受到新冠肺炎疫情严重冲击，政府推出 8400 万美元的纾困计划，以提振经济、保障民生。作为圣普支柱产业的旅游业在 2020 年受新冠肺炎疫情影响严重，全年接待外国旅客降至 1.07 万人次（不足 2019 年的三分之一），主要来自葡萄牙、法国、安哥拉和德国，而且未来旅游业的复苏相较其他产业更为缓慢。得益于世界银行、非洲开发银行以及中国等国家对圣普公共支出计划的资助，圣普 2020 年经济实现 3.09% 的增长，为 8 个葡语国家中唯一实现经济正增长的国家。但需要注意债务的增长，2020 年圣普政府债务占 GDP 的比重达到 81.4%，较 2019 年的 73.1% 有大幅上升。

（八）东帝汶

2020 年，东帝汶施政困难重重的局面逐渐好转，从而使新冠肺炎疫情防控和加入东盟工作得以稳步推进，但施政效率低下问题仍然较为严重。2020 年 6 月，东帝汶政府公布第八届宪法政府内阁成员名单，在总理鲁瓦克（Ruak）的多方奔走和呼吁下，2020 年和 2021 年国家财政预算在议会通过并由总统审核颁布，从而为东帝汶疫情后的经济复苏提供财政保障，政

---

① *Estratégia Nacional para o Mar 2021 – 2030*，Site oficial da DGPM（Direção-Geral de Política do Mar），https://www.dgpm.mm.gov.pt/enm – 21 – 30.

府的施政僵局逐渐打破。东帝汶在 2020 年上半年的疫情防控实现零死亡的巨大成功，在疫情加剧后也能做到有力应对，疫苗接种工作在国际援助下顺利开展。东帝汶加入东盟的工作也得以有序开展，在 12 月通过线上会议汇报加入东盟的筹备进展情况后，2021 年 7 月，东盟协调理事会负责东帝汶申请加入东盟问题的工作小组召开第十一次会议，东帝汶在 2020 年的努力获得各国的肯定，东帝汶参加东盟的活动指南和三大支柱（政治安全、经济和社会文化）活动名单在 2021 年 8 月举行的东盟协调理事会第二十九次会议上批准通过。

　　2020 年东帝汶国家预算通过较迟，限制了政府的公共支出，加上新冠肺炎疫情的影响，东帝汶 GDP 大幅下降 8.7%。随着新冠疫苗在 2021 年的广泛接种，东帝汶经济活动逐步恢复正常，国家预算侧重于经济复苏计划的执行比率也将大幅上升。在油气开发方面，2021 年 5 月，东帝汶政府和澳大利亚政府已就大阳升油气田项目建设的合同安排达成一致，大阳升油气田的输油管道将通往东帝汶，[①] 这将有利于东帝汶发展陆地石油工业。2021 年 6 月，中国石油国际事业新加坡公司向东帝汶国家石油公司供应 1.38 万吨柴油，这是中国油气企业与东帝汶的首船成品油贸易，实现了两国在油气领域合作的新突破。[②] 在油气收入上升的帮助下，东帝汶国家财政收入有了可靠保障，国民经济稳步发展。根据经济合作与发展组织（OECD）发布的《2020 年脆弱国家报告》，由于在冲突减缓、加强政治体制和增强经济韧性等方面的长期持续投入，除安全指标稍微上升外，东帝汶其他各项脆弱指标均有较大改善，首次退出脆弱国家名单。[③] 截至 2020 年年底，东帝汶的石油基金滚存至 189.9 亿美元，成为国家战略发展计划中油气、农业和旅行这三大支柱的重要资金来源。

---

① 《东澳就大阳升油气田项目进行谈判》，中国驻东帝汶大使馆网站，2021 年 6 月 4 日，ht-tp://tl. chineseembassy. org/chn/ddwrzzg/t1881421. htm。
② 毛丽平、潘炜雯、王芳：《中国石油完成首次对东帝汶供油业务》，《中国石油报》2021 年 6 月 23 日，第 1 版。
③ OECD, *States of Fragility 2020*, 2020 - 9 - 17.

二 2020年中国与葡语国家的经贸合作

（一）中国与葡语国家商品贸易合作

2020年，在新冠肺炎疫情席卷全球的恶劣环境下，中国与葡语国家商品贸易总额为1451.85亿美元（同比下降2.98%），占中国对外贸易总额的比重为3.12%，较2019年的3.27%略有下降。中国自葡语国家进口商品1019.49亿美元（同比下降3.43%），对葡语国家出口商品432.36亿美元（同比下降1.88%），形成587.13亿美元的贸易逆差（见表2）。在8个葡语国家中，巴西是中国最大的贸易伙伴，双边贸易额继续突破千亿美元，达到1190.40亿美元，占中国与葡语国家贸易总额的82.48%（同比增加5.84个百分点）；安哥拉位居第二，与中国双边贸易额为162.61亿美元，占比14.24%（同比下降2.71个百分点）；葡萄牙排名第三，贸易额为69.64亿美元，占比2.72%（同比下降1.72个百分点）；其余5个葡语国家与中国双边贸易额的总占比不足1%。

表2 2020年中国与葡语国家进出口商品总额

单位：万美元，%

国别	进出口额	出口额	进口额	进出口额同比增加	占中国与葡语国家进出口商品总额比重
安哥拉	1626136	174791	1451345	-35.89	14.24
巴西	11904032	3495652	8408380	3.80	82.48
佛得角	7900	7779	121	24.52	0.00
几内亚比绍	5145	5144	1	27.58	0.00
莫桑比克	257711	199995	57717	-3.43	0.57
葡萄牙	696376	419153	277222	4.82	2.72
圣多美和普林西比	2033	2029	5	127.55	0.00

续表

国别	进出口额	出口额	进口额	进出口额同比增加	占中国与葡语国家进出口商品总额比重
东帝汶	19163	19042	121	13.97	0.00
葡语国家合计	14518495	4323584	10194911	−2.98	100.00

资料来源：中国海关总署。

2020 年，中国与巴西的商品贸易同比增长 3.80%，尤其是在中国与葡语国家商品贸易下降 2.98%，以及巴西商品贸易总额下降 8.44% 的情况下，中巴商品贸易实现逆势增长表现突出，巴西对华出口达到创纪录的 676.9 亿美元，占巴西全年出口总额的 32.3%，中国继续保持巴西第一大出口目的地和进口来源国地位，并成为巴西首个年度贸易额突破 1000 亿美元的贸易伙伴。[①] 巴西副总统莫朗（Mourão）2020 年接受专访时表示巴中两国经济的互补性为进一步扩大双方多领域合作提供了坚实基础，中国市场对巴西经济的重要性不断增强，[②] 中国是巴西可持续经济发展不可或缺的伙伴。[③]受石油等大宗商品价格下跌影响，中国与安哥拉的商品贸易继 2019 年下降 8.61% 后，于 2020 年大幅下降 35.89%，安哥拉丧失了中国在非洲的第二大贸易伙伴地位，被尼日利亚超过而降至第三位。中国与葡萄牙的商品贸易虽然总量不大，但一直稳步发展，2020 年双边贸易额增长 4.82%，与中国贸易额约占葡萄牙贸易总额的 3%。

按照世界海关组织《商品名称及编码协调制度》（简称"HS"）对国际贸易商品分类标准，2020 年中国从葡语国家进口最多的 3 类产品依次为：第五类（矿产品，占 54.6%）、第二类（植物产品，占 24.6%）和第一类

---

① 《2020 年巴西对外贸易》，中国驻巴西大使馆经济商务处网站，2021 年 6 月 24 日，http://br.mofcom.gov.cn/article/ztdy/202106/20210603161482.shtml。

② 《专访：巴西期待与中国加强战略产业合作——访巴西副总统莫朗》，新华网，2020 年 9 月 7 日，http://www.xinhuanet.com/2020-09/07/c_1126463884.htm。

③ 《巴西副总统：中国是巴西可持续经济发展不可或缺的伙伴》，新华网，2020 年 11 月 27 日，http://www.xinhuanet.com/world/2020-11/27/c_1126793097.htm。

（活动物及动物产品，占7.4%）。中国向葡语国家出口最多的3类产品依次为：第十六类（机器、机械器具、电子设备及其零件；录音机及放声机、电视图像、声音的录制和重放设备及其零件、附件，占41.4%）、第六类（化学工业及其相关工业的产品，占13.1%）和第十一类（纺织原料及纺织制品，占9.2%）。可以发现，中国从葡语国家进口最多的是矿产品（包括能源），占比超过一半，对动、植物产品的进口占比超过三成；中国对葡语国家的出口中，机械设备类（第十六、十七类）占比近一半，化学、纺织及金属等制成品（第六、十一、十五类）占比超过30%。中国经济的发展对能源和农业产品的需求越来越大，葡语国家生产此类产品具有优势。中国的设备制造产品出口一直具有较强的竞争力，再加上物美价廉的工业制成品，可以与葡语国家形成很强的互补，在未来仍然是双方商品贸易的主要类别。

表3　中国与葡语国家进出口商品按 HS 分类占比

单位：%

大类	类	占中国自葡语国家进口百分比	占中国出口至葡语国家百分比
动、植物产品	第一类至第四类	33.8	1.5
矿产品	第五、十三类	54.6	2.6
化工产品	第六、七类	0.6	18.3
轻纺产品	第八类至第十二类	6.0	12.5
金属产品	第十四、十五类	2.6	8.0
机电产品	第十六类至第十九类	2.2	51.6
杂项产品	第二十、二十一类	0.0	5.5

资料来源：根据 UN Comtrade 数据库计算。不包含 HS 第99章"未归类产品"。

（二）中国与葡语国家服务贸易合作

与商品贸易需要商品这一多要素结晶的跨境移动不同，服务贸易往往只需要要素的一项或多项移动，服务贸易的这一特点使得新冠肺炎疫情短期内对旅行、运输等服务的冲击较大，但不会改变服务贸易长期向好的趋势。① 根据联合国贸发会议（UNCTAD）按 BPM6 编制的国际收支平衡表数据，以现价美元计，2020 年全球服务贸易总额为 9.75 万亿美元，同比下降 19.6%，远远超过全球商品贸易 7.76% 的下降幅度。其中，服务贸易出口 5.04 万亿美元（同比下降 19.3%），服务贸易进口 4.71 万亿美元（同比下降 20.0%），服务贸易总额不足商品贸易的 30%。2020 年，受新冠肺炎疫情等多种因素的影响，中国服务进出口总额 45642.7 亿元，同比下降 15.7%，② 其中，中国服务出口 19356.7 亿元（同比下降 1.1%），进口 26286 亿元（同比下降 24%），服务出口降幅比进口低 22.9 个百分点，带动服务贸易逆差大幅下降（下降 53.9% 至 6929.3 亿元）。中国的知识密集型服务贸易占比提高至 44.5%（提升 9.9 个百分点），出口和进口分别同比增长 7.9% 和 8.7%。旅行服务受新冠肺炎疫情影响较大，2020 年，中国旅行服务进出口 10192.9 亿元人民币，下降 48.3%，其中出口下降 52.1%，进口下降 47.7%，是导致服务贸易下降的主要因素。③

葡语国家的服务贸易总体处于较低水平，根据联合国贸发会议数据，2020 年葡语国家与全球的服务贸易总额为 1290 亿美元，仅相当于当年中国服务贸易总额的 21.0%。其中，巴西的服务贸易总额占葡语国家的 60.2%，第二位和第三位分别为葡萄牙（占 32.0%）和安哥拉（占 4.3%），其他葡语国家的总占比为 3.6%（见表 4）。在葡语国家中，巴西的服务贸易总额最高，但存在 306 亿美元的逆差，不同于发达国家工业发展到一定高度后的"去工业化"，巴西的"去工业化"发生在相对较低的收入水平上，在未实现从中等收入向高收入国家跨越时就出现工业部门的萎缩。④ 葡萄牙作为葡

---

① 赵瑾：《新冠肺炎疫情危机后全球服务贸易发展的十大走势与中国机遇》，《财经智库》2020 年第 5 期。
② 按世界银行发布的世界发展指标（WDI），中国服务进出口总额为 6157 亿美元。
③ 王俊岭：《2020 年中国服务进出口总额达 45642.7 亿元》，《人民日报》（海外版）2020 年 2 月 9 日，第 3 版。
④ 王飞：《从"去工业化"到"再工业化"——中国与巴西的经济循环》，《文化纵横》2018 年第 6 期。

语国家中唯一的发达国家，实现了 98 亿美元的服务贸易顺差，但规模有待进一步扩大。除巴西和葡萄牙外，其余葡语国家的服务贸易规模微乎其微，而且大都存在着逆差或微弱的顺差，反映了这些国家服务贸易的竞争力较弱。

表 4　葡语国家服务贸易情况（2020 年）

单位：亿美元，%

国别	服务进出口额	服务出口额	服务进口额	服务净出口额	占葡语国家服务进出口总额比重
安哥拉	56	1	56	−55	4.3
巴西	776	285	491	−206	60.2
佛得角	5	3	2	1	0.4
几内亚比绍*	2	0	2	−1	0.2
莫桑比克	33	8	25	−17	2.6
葡萄牙	413	256	158	98	32.0
圣多美和普林西比	1	0	0	0	0.1
东帝汶	4	0	3	−3	0.3
葡语国家合计	1290	553	737	−184	100

* 几内亚比绍为 2019 数据。表中金额因四舍五入部分存在尾差。
资料来源：国际货币基金组织的《国际收支统计年鉴》和数据文件。

中国与葡语国家的服务贸易规模不大，根据 OECD-WTO 数据库统计数据，2019 年中国服务出口至葡语国家 22.79 亿美元，自葡语国家进口服务 34.76 亿美元，双方服务贸易总额为 57.56 亿美元，不足该年双方商品贸易总额的 4%，也仅为该年中国与世界服务贸易总额的 0.9%。

中国与葡语国家服务贸易的行业结构方面，2019 年中国从葡语国家进口最多的服务分别是运输、旅行和其他商业服务，向葡语国家出口最多的服务分别是运输、其他商业服务和旅行。中国和葡语国家的服务贸易以运输、旅行、其他商业服务为主，该三大行业的贸易总额占双方服务贸易总额的比重高达 84.7%，高于中国与世界服务贸易总额中该三大行业 74.1% 的比重。除其他商业服务外，运输和旅行均表现为中国对葡语国家的逆差，

图1 2010～2019年中国与葡语国家服务贸易情况
资料来源：根据 OECD-WTO 统计数据计算并绘制。

其中运输服务的进口额超过了出口额的两倍、旅行服务的进口额超过了出口额的三倍。（见图2）总体来看，中国与葡语国家以传统服务贸易为主且贸易集中度高，知识密集型的现代服务贸易还有很大的发展空间。

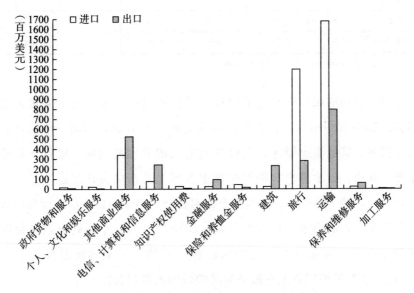

图2 中国与葡语国家服务贸易分行业结构
资料来源：根据 OECD-WTO 统计数据计算并绘制。

在国别结构方面，中国与葡语国家的服务贸易主要与巴西、葡萄牙和安哥拉开展，2019 年三国占中国与葡语国家服务贸易总额的比重分别为 52.6%、24.4% 和 16.8%，其中中国对巴西和葡萄牙为逆差、对安哥拉为顺差（见表 5）。

表 5　2019 年中国与葡语国家服务贸易分国别情况

单位：百万美元，%

国别	进出口额	中国向葡语国家出口	中国从葡语国家进口	中国净出口额	进出口额同期增幅	占与葡语国家服务进出口总额比重
安哥拉	965	621	344	277	- 3	16.8
巴西	3027	830	2197	- 1367	- 1	52.6
佛得角	26	16	10	6	- 0	0.5
几内亚比绍	12	6	6	0	- 25	0.2
莫桑比克	296	214	82	133	- 12	5.1
葡萄牙	1402	568	834	- 267	6	24.4
圣多美和普林西比	5	4	1	4	- 1	0.1
东帝汶	23	19	4	16	7	0.4
葡语国家合计	5756	2279	3476	- 1197	21	100

资料来源：根据 OECD-WTO 统计数据计算。

中国对巴西的服务贸易稳步增长，且长期保持逆差，近年来逆差呈扩大趋势。2019 年中国对巴西服务出口排名前三的分别是运输、电信计算机和信息服务、其他商业服务，进口排名前三的分别是运输、旅行、其他商业服务。其中，运输进出口额在中巴服务贸易总额中占比超过一半，且中国进口达出口的 7 倍以上，巴西拥有绝对优势；但中国在电信、计算机和信息服务贸易上具有高顺差的绝对优势。2020 年 9 月，中国驻巴西大使馆和驻里约热内卢总领馆举办了"中国巴西（里约）云上国际服务贸易交易会"，进一步拓展两国企业在服务贸易领域的商机与合作。①

---

① 陈威华、赵焱：《中国和巴西推动服务贸易合作》，新华网，2020 年 9 月 4 日，http://www.xinhuanet.com/2020 - 09/04/c_1126452398.htm。

中国对葡萄牙的服务贸易增长较为迅速，从2005年至今已扩大近十倍。相较于中巴服务贸易，中葡服务贸易更为平衡，但自2012年起中国对葡萄牙服务贸易均为逆差。中国对葡萄牙服务贸易以旅行服务为主，且表现为明显的逆差；其次是运输和其他商业服务，这两个行业均表现为中国对葡萄牙顺差。值得注意的是，近年来中国对葡萄牙的电信、计算机和信息服务出口增长态势明显，2019年该领域出口在双方服务贸易中排名第三，有望成为中国服务产业拓展葡语国家市场的重点领域。

中国与安哥拉的服务贸易稳步增长，且长期保持顺差，但近年来顺差呈缩小趋势。2019年中国对安哥拉服务出口排名前三的分别是运输、其他商业服务和建筑，安哥拉是世界最不发达国家之一，经济结构单一，中国从安哥拉服务进口高度集中在旅行领域（见图3）。

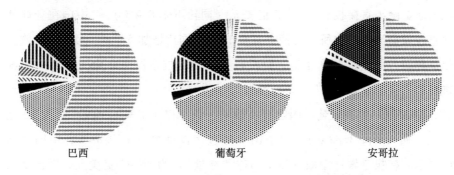

巴西　　　　　　　　葡萄牙　　　　　　　　安哥拉

- ■ 对他人拥有的有形投入进行的制造服务
- ≡ 运输
- ■ 建筑
- ✎ 金融服务
- ‖ 电信、计算机和信息服务
- ■ 个人、文化和娱乐服务

- ≡ 保养和维修服务
- ⊞ 旅行
- ⤬ 保险和养恤金服务
- ■ 知识产权使用费
- ▨ 其他商业服务
- ■ 政府货物和服务

图3　2019年中国与巴西、葡萄牙和安哥拉的服务贸易分行业情况

注：该分类方法参照《国际服务贸易统计手册》（MSITS2010），按照《国际收支服务扩展分类》（EBOPS2010）将"服务贸易"分为12大类。

资料来源：根据OECD-WTO统计数据计算并绘制。

（三）中国与葡语国家双向直接投资

根据联合国贸发会议发布的《世界投资报告2021》，受新冠肺炎疫情影响，2020年全球外国直接投资受到严重冲击，流量大幅下降35%至1万亿美元，甚至远低于十几年前全球金融危机时FDI流量的最低水平，其中对发展中国家的绿地投资影响尤为严重（同比下降42%）。[①] 2020年，流入发达国家的外国直接投资大幅下降58%至3122亿美元，流入发展中国家的下降8%至6626亿美元，[②] 流入两类国家的直接投资比重从2019年的基本相当变为"三七"比例，发展中国家成为国际直接投资的主要目标对象。

2020年，尽管受到新冠肺炎疫情和地缘政治风险持续升高的影响，中国全行业对外直接投资保持平稳，按美元计同比增长3.3%至1329.4亿美元，非金融类直接投资1101.5亿美元（同比下降0.4%），[③] 中国在全球外国直接投资流入量中所占份额上升至15%（同比增加5.7个百分点），流向租赁和商务服务、批发零售、科学研究和专业技术服务、电力生产供应等领域的投资增长较快。[④]

2019年，中国对葡语国家直接投资净额（以下简称"流量"）为12亿美元（同比下降3.82%），占中国对外直接投资总额的0.88%；中国对葡语国家直接投资累计净额（以下简称"存量"）为86.41亿美元，同比增长9.73%。中国对葡语国家的直接投资主要集中在巴西和安哥拉，从流量增速来看，对巴西的直接投资流量增加了一倍，对安哥拉的投资增速超过40%，对葡萄牙的投资增速为近60%，对莫桑比克的投资则在2018年大幅上升的基础上进行调整，撤回投资超过新增投资。

巴西在2019年吸收中国的直接投资流量为8.6亿美元，连续两年在葡

---

① UNCTAD, *World Investment Report 2021*, 2021.

② 另有流入转型国家的直接投资242亿美元。

③ 中国商务部：《2020年我国对外全行业直接投资简明统计》，中国商务部网站，2021年1月22日，http://www.mofcom.gov.cn/article/tongjiziliao/dgzz/202101/20210103033289.shtml。

④ 安永：《2020年全年中国海外投资概览》，2021年2月8日，https://www.ey.com/zh_cn/china-overseas-investment-network/overview-of-china-outbound-investment-of-2020。

语国家中位居第一，直接投资存量为44.35亿美元，长期保持在葡语国家首位（见图4）。中国在巴西累计投资额于2019年超过美国，成为巴西最大投资来源国。巴西—中国企业家委员会（CEBC）发布的《中国在巴西投资》报告显示，中国对巴西总投资的76%流向能源行业，特别是电力，同时也在巴西寻求多样化投资，涉及的领域包括农业、金融业和信息技术业等。

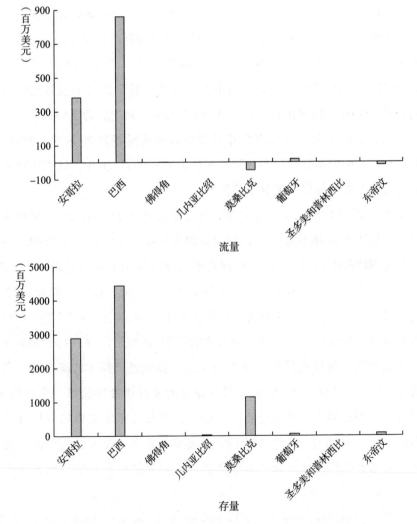

图4　2019年中国对葡语国家直接投资流量与存量结构

资料来源：作者根据《2019年度中国对外直接投资统计公报》数据整理绘制。

2020 年中国在巴西投资出现大幅下降，这与国际经济环境低迷以及新冠肺炎疫情有关，但中国的投资者已经更加成熟，对巴西的法律也更加适应，随着中国尖端技术的发展，在巴西的电话、物联网、电动和自动汽车以及人工智能等领域将有着更多的投资机会。①

中国 2019 年对安哥拉的直接投资流量为 3.8 亿美元，直接投资存量为 28.91 亿美元，流量和存量在葡语国家中均居第二位。在安哥拉经营的中资企业有 100 余家，主要集中在建筑、商贸、地产和制造业等领域。安哥拉近几年正大力推动名为 PROPRIV 的"大规模私有化"计划，将在 2019 年至 2022 年期间，出售 195 家国有公司的全部或部分股份，其中包括国家石油公司 SONANGOL、国家钻石公司 ENDIAMA 和国家航空公司 TAAG 等安哥拉知名公司。安哥拉大规模私有化正寻求更多的国际投资者支持，2020 年，安哥拉推动与中国签订《互惠投资保护协定》（BITs）工作，该协定将对中国在安哥拉的投资提供一定程度的保护。

中国自 2017 年起连续两年成为莫桑比克的最大投资国，2018 年对其直接投资流量达到 5.46 亿美元，占对葡语国家直接投资流量比重为 43.73%，跃居至葡语国家中的第一位。② 根据莫桑比克投资和出口促进局（APIEX）统计，2019 年莫桑比克吸引外商直接投资项目 335 个，投资总额为 6.82 亿美元。其中，中国企业在莫桑比克新增投资 1.23 亿美元，中国在所有新增外资来源国家中位列第二（仅次于南非的 3.71 亿美元）。但中国 2019 年对莫桑比克的直接投资流量为 -4670 万美元，撤回投资高于新增投资，直接投资存量为 11.47 亿美元，③ 是中国对葡语国家直接投资的第三大目的地。2020 年，受新冠肺炎疫情和恐怖袭击影响，莫桑比克北部油气项目（尤其是 LNG 项目）的直接投资大幅下降。值得期待的是，莫桑比克政府通过诸多努力来化解不利影响，为外国投资者创造有利的投资环境，巨大储量天

---

① Tulio Cariello, *Investimentos Chineses no Brasil-Histórico, Tendências e Desafios Globais* (2007 – 2020), CEBC, 2021.
② 丁浩、尚雪娇主编《中国与葡语国家合作发展报告（2020）》，社会科学文献出版社，2020。
③ 中国商务部：《对外投资合作国别（地区）指南—莫桑比克（2020 版）》。

然气田的持续开发将拉动海外直接投资。

中国对葡萄牙的直接投资较少，年度流量基本维持在千万美元水平，但中国企业通过并购葡萄牙企业，在助力当地经济的同时实现自身的发展升级，堪称两国企业并购合作的典范。[①] 中国对佛得角、几内亚比绍、圣普、东帝汶的直接投资均很少，随着这几个葡语国家的发展，未来的投资空间很大。葡语国家在中国的投资中，2019年巴西对中国的直接投资流量大幅下降至340万美元，葡萄牙对中国的直接投资73万美元（见表6）。

表6　2015~2019年葡语国家对中国直接投资流量

单位：万美元

国别	2015年	2016年	2017年	2018年	2019年
安哥拉	90	359	120	—	—
巴西	5084	4667	4228	3119	340
几内亚比绍	—	—	103	—	—
莫桑比克	—	—	1473	—	—
葡萄牙	202	1042	1499	40	73

资料来源：历年《中国统计年鉴》。

（四）中国对葡语国家承包工程与劳务合作

全球新冠肺炎疫情持续蔓延引发全球经济衰退，对外承包工程行业也面临前所未有的挑战。2020年，中国对外承包工程克服不利影响继续稳步发展，新签合同额2555.4亿美元，同比下降1.8%，新签项目的80%集中在基础设施领域，一般建筑、水利建设类项目新签合同额增长较快，同比分别增长37.9%和17.9%。疫情对海外施工进度造成一定影响，承包工程项下外派人员同比减少超过三成，2020年中国对外承包工程完成营业额1559.4亿美元，同比下降9.8%。[②]

---

① 薛健、李建军：《跨境并购之典范：中企投资葡萄牙》，《中国外汇》2019年第8期。
② 王文博：《商务部：2020年我国对外投资增长3.3%》，新华网，2020年1月22日，http://www.xinhuanet.com/2021-01/22/c_1127010836.htm。

2019 年，中国对葡语国家承包工程新签合同额为 59 亿美元（见表 7），占中国对外承包工程新签合同总额的 2.3%，其中，巴西为 30 亿美元，位居葡语国家第一位（占 51.2%），东帝汶以 10 亿美元新签合同额跃居第二位（占 17.1%），莫桑比克和安哥拉居第三和第四，新签合同额分别为 9.9 亿美元（占 16.6%）和 8.1 亿美元（占 13.6%）。2019 年，中国铁建下属中国土木工程集团与东帝汶石油天然气公司签订了东帝汶比亚佐液化天然气厂港口设施项目设计施工总承包合同，合同金额约 9.43 亿美元，[①] 此大额承包合同使该年东帝汶在中国对葡语国家的承包工程新签合同额中排名第二。

2019 年，中国对葡语国家承包工程完成营业额为 66 亿美元（比新签合同额高出 7 亿美元），约占中国对外承包工程完成营业总额的 3.8%，其中，安哥拉完成营业额为 29 亿美元，连续多年位居葡语国家第一位（占 43.5%），位居第二的巴西完成营业额 23 亿美元（占 34.2%），莫桑比克位居第三，完成营业额 10 亿美元（占 15.2%）。2019 年，中国对安哥拉承包工程完成营业额为新签合同额的 3.6 倍，反映了安哥拉因经济连续衰退导致承包工程项目的减少，对安哥拉的承包工程后劲乏力，这一中国具有传统优势的承包工程市场的变化需要引起重视。

2019 年，中国对葡语国家承包工程派出在外劳务人员 3549 人，同比减少三分之一，其中派往安哥拉 1984 人，在葡语国家中最多，占 55.9%，莫桑比克位居第二（占 27.0%），东帝汶和巴西分别居第三（占 8.5%）和第四位（占 6.5%）。

表 7　2017～2019 年中国对葡语国家承包工程新签合同额与完成营业额

单位：万美元

国别	承包工程新签合同额			承包工程完成营业额		
	2017 年	2018 年	2019 年	2017 年	2018 年	2019 年
安哥拉	858220	222991	80906	669326	454319	286588

---

① 《中国铁建股份有限公司新签海外合同公告》，《中国证券报》2019 年 04 月 26 日，第 B004 版。

续表

国别	承包工程新签合同额			承包工程完成营业额		
	2017 年	2018 年	2019 年	2017 年	2018 年	2019 年
巴西	174270	258278	303418	185365	260900	225237
佛得角	5667	318	4	1694	2744	6671
几内亚比绍	540	2394	1231	669	287	988
莫桑比克	60172	332142	98681	110875	80422	100144
葡萄牙	36540	13584	7480	4939	25610	13361
圣多美和普林西比	152	15744	238	122	552	90
东帝汶	32450	6651	101131	35519	35290	25926
葡语国家合计	1168011	852102	593089	1008509	860124	659005

资料来源：历年《中国商务年鉴》。

2019 年，中国对葡语国家承包工程的新签合同额和完成营业额分别下降了30%和23%，但葡语国家普遍重视基础设施建设，各国的基础设施建设计划虽受新冠肺炎疫情影响有所放缓，但并未出现重大变化，有望迎来新一轮基础设施投资与建设浪潮，2021 年，葡语国家基础设施发展指数得分较上年明显回升（见表8），基础设施投资与建设呈现恢复性发展的良好势头。[1]

表 8　葡语国家基础设施发展指数得分情况（2021 年）

国别	发展环境	发展需求	发展热度	发展成本	总指数	总指数排名	较 2020 年总指数排名变化
巴西	106	132	111	92	112	15	↑3
葡萄牙	120	112	97	109	109	28	↑16
安哥拉	99	140	101	84	109	33	↑4
佛得角	104	107	103	104	105	53	↑2
莫桑比克	98	118	101	95	104	54	↑7
东帝汶	99	111	99	96	102	63	↓2

---

[1]　中国对外承包工程商会、中国出口信用保险公司：《2021 年"一带一路"国家基础设施发展指数报告》，2021。

国别	发展环境	发展需求	发展热度	发展成本	总指数	总指数排名	较2020年总指数排名变化
圣多美和普林西比	99	101	95	96	98	69	↓1
几内亚比绍	88	112	95	88	97	70	—

资料来源：中国对外承包工程商会，中国信保国家风险数据库。转引自《"一带一路"国家基础设施发展指数报告2021》，https：//www.chinca.org/CICA/DROCEI/TP/21070513270411。

在对外劳务合作方面，2019年中国派出各类劳务人员48.7万人（同期减少0.5万人），年末在外各类劳务人员99.2万人，较2018年减少0.4万人，截至2019年年末，中国累计派出各类劳务人员突破1000万人次，为深化双边经济合作、促进民心相通、助力扶贫脱贫发挥了积极作用。[①] 中国在葡语国家的劳务合作与对外承包工程密不可分，在各国承包工程和劳务合作项下派出人数相近，2019年中国对葡语国家的劳务合作与承包工程一样出现下滑，在承包工程和劳务合作项下分别派出3549和5405人。中国对葡语国家的劳务派出（非承包工程项下，下同）主要集中在安哥拉（866人，占比72%）和莫桑比克（316人，占比26%），其他葡语国家则几无派出。（见表9）2019年，中国对安哥拉劳务合作新签劳务人员合同工资总额为2703万美元，劳务人员实际收入总额为4759万美元。[②]

表9 2017～2019年中国对葡语国家劳务合作派出人数与年末在外人数

单位：人

国别	派出人数			年末在外人数		
	2017年	2018年	2019年	2017年	2018年	2019年
安哥拉	2922	5189	866	8695	12325	12143
巴西	0	1	2	157	157	159
佛得角	0	0	0	74	4	0

---

① 中华人民共和国商务部、中国对外承包工程商会：《中国对外劳务合作发展报告（2019～2020）》。

② 《中国商务年鉴2020》。

国别	派出人数			年末在外人数		
	2017 年	2018 年	2019 年	2017 年	2018 年	2019 年
几内亚比绍	0	1	1	1	1	2
莫桑比克	84	189	316	740	824	930
葡萄牙	12	20	15	13	11	12
圣多美和普林西比	0	0	0	0	0	0
东帝汶	19	5	0	13	7	7
葡语国家合计	3037	5405	1200	9693	13329	13253

资料来源：《中国商务年鉴 2020》。

中国与葡语国家的劳务合作主要集中在农林渔牧业、制造业、建筑业和餐饮住宿业等劳动密集型行业，在信息管理、技术服务、科教文卫等高级技术领域的非工程项下的劳务合作还有待拓展。2019 年，来自贫困地区（国家级或省级贫困县）的劳务人员在安哥拉的人数居目的地国家（地区）第 7 位[①]，对外劳务合作对带动贫困地区人员走出国门、脱贫致富发挥了积极作用。

三 2020年中国与葡语国家的教育学术合作

2020 年，全球新冠肺炎疫情给中国与葡语国家的教育学术合作带来不利影响，疫情阻碍了双方的面对面交流，但借助线上研讨、云互动等创新形式，中国与葡语国家的高校、智库、媒体、民间团体在教育学术合作各领域进行了深入对话和互动交流。

（一）葡语国家设立的孔子学院（课堂）

孔子学院作为发展国际中文教育事业的民间公益教育机构，致力于联

---

① 中华人民共和国商务部、中国对外承包工程商会：《中国对外劳务合作发展报告（2019 ~ 2020)》。

合各国语言推广机构，促进中外语言交流和世界多元文化互学互鉴、共同发展。孔子学院围绕国际中文教育，通过搭建文化交流平台、支持文化艺术交流项目，为全球中文学习者提供互动参与、深度体验中国文化的机会，促进中外文化交流互鉴。截至 2020 年年底，葡语国家共设有 20 所孔子学院和 4 个孔子课堂，其中巴西设有 11 所孔子学院和 3 个孔子课堂，葡萄牙设有 5 所孔子学院，安哥拉、佛得角、莫桑比克、圣多美和普林西比各开设 1 所孔子学院，东帝汶设有 1 个孔子课堂。

2020 年 6 月，中国国际中文教育基金会在北京成立，孔子学院品牌由该基金会全面负责运营。中国国际中文教育基金会由 27 家高校、企业和社会组织联合发起成立，其中包括北京大学、北京语言大学、北京外国语大学等 17 所承办孔子学院数量较多的高校，中国教育出版传媒集团、汉考国际教育科技（北京）等 4 家致力于国际中文教育事业的企业，以及世界汉语教学学会、中国国家博物馆等 6 家教育类、文化类社会组织。① 孔子学院转由中国国际中文教育基金会运作可以充分发挥基金会筹资渠道广泛的优势，吸引和凝聚中外企业、社会组织、各级政府以及社会人士积极参与，为孔子学院建设和发展注入更加强大的动力，从而提供更有力、更多元、更优化的支持和服务。

2020 年突如其来的新冠肺炎疫情给葡语国家孔子学院发展带来前所未有的挑战，随着疫情在全球的蔓延，包括葡萄牙、巴西在内的葡语国家均采取了严格的防疫措施，宣布全国停课并关闭学校。为了尽可能降低新冠肺炎疫情对中文教学的不利影响，满足学生学习中文的强烈需求，葡语国家多所孔子学院根据实际情况及时调整教学模式，利用网络平台开展了"停课不停教、停课不停学"的线上教学活动，将中文课堂从线下搬到线上。自 3 月 2 日葡萄牙出现第一例新冠肺炎确诊病例后，葡萄牙多所高校陆续宣布停课，葡萄牙孔子学院的师生们迅速启动在线教学。葡萄牙波尔图

---

① 马海燕：《孔子学院未更名 改由基金会运行符合国际惯例》，中国新闻网，2020 年 7 月 6 日，http://www.chinanews.com/gn/2020/07 - 06/9230535.shtml。

大学孔子学院、里斯本大学孔子学院师生借助 ZOOM、微信和腾讯会议等平台开展线上教学活动，通过调整教学方式、掌握平台操作技术，快速适应教学模式的转变，使线上课堂更为高效，充分利用居家的时间进行中文学习。巴西南大河州联邦大学孔子学院在疫情期间，通过网络课堂使巴西学生不仅能够继续提升汉语能力、体验中国文化，更能够切实感受到孔子学院教师在疫情期间积极应对、不断进取的乐观精神，巴西圣保罗州立大学孔子学院教师无法实地赴任，但为确保正常的教育教学秩序，实现"不停教、不停学"，教师们克服困难，践行合作精神，尽最大努力为巴西中文爱好者提供优质教学服务。

疫情也给中文考试的组织实施带来挑战，但在各国中文教师和全球中文考试考点的共同努力下，大家克服疫情困难，让全球中文学习者"停课不停学"，顺利参加居家考试。为表彰新冠肺炎疫情期间仍然坚持举办中文考试、为考生提供不间断的考试服务、考量持续增长的考点，汉考国际颁授 32 家海外考点"2020 年度汉语考试优秀考点"奖，巴西圣保罗州立大学孔子学院榜上有名。

（二）中国与葡语国家的教育合作

2020 年迎来首个"世界葡萄牙语日"，也是中国高校葡语专业创建 60 周年的重要年份。随着中国与葡语国家经贸往来日益密切，中国高校纷纷开设葡萄牙语专业，各院校不断加大对葡语教学的投入，葡语教师人数不断增加、学历水平不断提高，中国高校葡语教学发展迅速、成果显著。2020 年，河北师范大学和湖南师范大学新增葡萄牙语专业，① 中国已有 30 余所高校开设葡萄牙语专业，葡语教育涵盖专科、本科、硕士、博士等不同层次。

2020 年，新冠肺炎疫情肆虐全球，这给中国与葡语国家高校间的合作带来了严峻挑战。中国与葡语国家都不同程度地对人员聚集活动采取了限

---

① 《教育部关于公布 2020 年度普通高等学校本科专业备案和审批结果的通知》。

制措施，由于高校停课、国际航线受限等原因，学生的跨境流动受到了严重影响。很多校际交流、交换项目被迫暂停或延迟，来华留学也遇到阻力。为了应对疫情给教育合作带来的不利影响，4月，澳门理工学院推出"理工葡萄牙语线上学习平台"，提供葡语学习相关的文字、音频、视频学习资料，涵盖多场景中葡双语会话、常用词等，方便居家学习葡语。该学习平台免费向公众开放，致力于在疫情期间，发挥在葡语教学方面积累的资源和经验优势，搭建一个集趣味性、启发性和实用性于一体的高素质葡语线上学习环境，便于广大民众随时随地学习葡萄牙语，实现自我提升。6月，广东外语外贸大学与澳门理工学院、香港大学专业进修学院相聚云端，举行"粤港澳大湾区葡语教育联盟"线上签约仪式。"粤港澳大湾区葡语教育联盟"是粤港澳大湾区合作框架下葡语教研领域成立的第一个联盟。联盟的成立是落实《粤港澳大湾区发展规划纲要》，推动三地教育合作发展、联合共建优势学科的重要体现，也是促进大湾区葡语发展的战略规划、助力粤港澳大湾区葡语教育事业发展的新里程。联盟以葡语教育为载体，促进粤港澳大湾区教育交流与合作，支持"一带一路"倡议在贸易和服务业等各个领域的发展。① 10月，澳门理工学院与佛得角大学相聚云端，双方代表签署合作协议，双方期望在创新人才培养、深化学术交流、提升科研水平等领域开展合作，实现优势互补与资源共享。

新冠肺炎疫情的持续蔓延促使中国与葡语国家携手同行、共克时艰，开创教育合作新模式。在线教学、高校联盟等教育合作方式已经纷纷"上线"，中国与葡语国家高校充分利用网络信息技术，发挥自身教学和科研优势，促进资源共建共享，以拓展教育合作领域，扩大教育合作成效。

（三）中国与葡语国家的学术交流

2020年，中国与葡语国家继续加强学术交流与合作，受全球新冠肺炎

---

① 李永杰、陆露、欧少彬：《"粤港澳大湾区葡语教育联盟"成立》，中国社会科学网，2020年6月9日，http://ex.cssn.cn/gd/gd_rwhn/gd_dfwh/202006/t20200609_5140891.shtml。

疫情影响，传统的线下学术交流活动难以进行，互联网支持下的线上学术活动成为主要方式。

学术会议方面，2020年8月，"面向未来——后疫情时代的中巴双边关系和务实合作"线上研讨会由中国驻圣保罗总领事馆与中巴社会文化研究中心联合举办，与会中巴青年学者就"新冠疫情下中巴双边关系的机遇与挑战""后疫情时代的中巴合作前景"两个议题交流研讨。同月，巴西法阿瑟高等教育中心（FAAP）商务孔子学院主办了题为"中国移民在巴西——友谊与融入的故事"线上研讨会，以庆祝中国移民日并强调深化中巴两国务实合作和守望相助的情谊。10月，为期三天的巴西中国问题研究网络第三届研讨会在巴西伯南布哥联邦大学开幕，两国学者围绕中巴经贸文教合作、中国新发展格局对中巴关系的影响、中拉关系和金砖国家合作、气候变化和绿色发展等进行交流。12月，为庆祝中国高校葡语专业创建60周年，澳门理工学院举办"中国高等教育葡语教学六十年线上研讨会"，众多海内外知名高校专家学者、著名文学作品译者及知名教材编者共聚云端，为中国葡语教学发展建言献策。同月，成都信息工程大学、武汉理工大学、巴西圣保罗大学等共同举办第17届创新与管理国际学术会议，会议以"以人为本的创新"为主题，紧扣疫情灾害与社会创新、人工智能与伦理道德、数字产业与绿色发展等话题，围绕不同地区、不同领域发展的挑战与机遇，就人类社会的创新机制，开展跨学科、跨领域、跨国界的学术研讨。2021年4月，澳门大学在40周年校庆期间举办"新形势下全球治理与中国—葡语国家关系发展"研讨会，就中国—葡语国家关系以及澳门特别行政区与葡语国家的文化交流合作等议题进行交流和探讨。[1] 2021年4月20日是联合国中文日，葡萄牙波尔图大学孔子学院外方院长、波尔图大学副校长若昂·维洛索（Joao Veloso）于该日分享了他学习中文与中国文化的故事，他认为中文学习可以更好地理解中国文化，从而更加敬仰中国这个懂得尊重

---

[1] 龙土有：《澳门高校举办中国与葡语国家关系发展研讨会》，中国新闻网，2021年4月13日，https://www.chinanews.com.cn/ga/2021/04-13/9454043.shtml。

历史、建设现在和蓄力未来的伟大国家，中国人民和葡萄牙人民都爱好和平且热情好客，两国人民一样重视家庭、语言、诗歌以及饮食文化，这些都是双方良好合作的基础。①

新冠肺炎疫情防控专题研讨方面，中国与葡语国家专家学者通过远程培训、线上研讨等方式就疫情防控进行经验分享与交流。3月，中华中医药学会、世界针灸学会联合会、中国针灸学会联合主办国际抗疫专家大讲堂，来自包括巴西在内的近30个国家的中医师观看讲座直播。讲座包括中医药治疗概况、中医药治疗效果、七版诊疗方案的中医部分和针灸诊疗方案的讲解、治疗体会分享等内容。4月，中国四川大学华西医院与莫桑比克马普托中心医院联合开展了新冠肺炎疫情防控国际远程培训，四川大学华西医院专家针对新冠肺炎疫情发展、趋势、特点，以及医院在疫情防控、组织管理和临床救治等方面的经验进行了分享。同月，四川省卫生健康委员会面向安哥拉举办"中国（四川）—安哥拉新冠肺炎疫情防控经验视频交流会"，四川专家分别从新冠肺炎病人诊治、急性传染病防控、现场流行病学、重症病人急救、影像诊断等方面进行了详细介绍。6月，中国援圣普抗疫医疗专家组在圣普中心医院为当地医务人员进行了"新冠肺炎理论知识和实践操作培训"。中国医疗专家组成员分别就新冠病毒的病原学和流行病学特征、流行病学追踪调查、密切接触者判定排查、无症状患者诊断标准、新冠肺炎的防控诊断与治疗等进行理论讲解并介绍中方的做法和经验，同时结合圣普医疗条件实际，就病例诊断、治疗等提出有针对性的建议。

（四）中国与葡语国家合作的智库建设

随着世界全球化、信息化的进程不断加快，国家"软实力"在国际竞争中的作用日益凸显，而智库作为"软实力"的重要组成部分，是推动国家科学决策、民主决策，推进国家治理体系和治理能力现代化、增强国家

---

① 《联合国中文日专访葡萄牙教授：学习中文让我更亲近中国这个伟大的国家》，人民网，2021年4月20日，http://world.people.com.cn/n1/2021/0420/c1002-32082977.html。

软实力的重要支撑。中国与葡语国家的智库建设已经成为双边学术合作的重要领域。

中国高校和科研机构以服务国家发展战略为宗旨，致力于新型智库建设，先后成立了一批研究葡语国家的智库，如澳门大学人文学院葡亚研究中心（1993）、① 澳门理工学院葡语教学及研究中心（2012）、澳门城市大学葡语国家研究院（2012）、对外经济贸易大学中国葡语国家研究中心（2012）、广东外语外贸大学葡语国家研究所（2017）等，另有以巴西为主要对象的北京大学巴西文化研究中心（2004）、中国社会科学院巴西研究中心（2009）、湖北大学巴西研究中心（2012）、上海外国语大学巴西研究中心（2014）等。中国的高校和科研机构智库除以咨询报告形式为政府提供决策参考外，还通过皮书等连续出版物扩大影响，2020年出版的较有代表性的有《葡语国家发展报告（2020）》《中国与葡语国家合作发展报告（2020）》《中国与葡语国家经贸合作发展报告（2018～2019）》等。2020年10月，受中葡论坛（澳门）常设秘书处和澳门特区政府委托，由中国社会科学院世界经济与政治研究所完成的《中国—葡语国家经贸合作论坛（澳门）成立15周年成效与展望第三方评估》报告在澳门发布。

葡语国家研究的民间智库主要存在于澳门，其中又以东方葡萄牙学会（2010）和澳门中葡语系交流协会（2007）最有影响，这些民间智库机构聚焦葡语教学、葡语国家法律、历史、社会、经济，以及葡语国家参与全球治理、中国与葡语国家关系等领域。2020年，东方葡萄牙学会为多领域专业人员举办培训课程，其中包括葡萄牙语作为外语A1级新闻专业人员课程（4月14日～5月25日）、葡萄牙语作为外语A1级法律领域专业人员课程Ⅱ（4月15日～5月13日）、葡萄牙语作为外语A1级工商管理专业人员课程（5月11日～6月5日）、葡萄牙语作为外语A1级法律领域专业人员课程Ⅲ（9月1日～10月13日）等。中国的葡语国家研究智库逐渐形成规模，成为新型智库建设中一股崭新的力量，它们发挥各自优势，就葡语国

---

① 机构名称后面括号内年份为该机构的成立时间，下同。

家的政治、经济、社会、文化、法律、历史，尤其是中国与葡语国家在各领域的交流合作展开研究，呈现出更深入、更专业和跨学科研究的特点。

葡语国家为了加强对中国历史、政治、经济、社会、法律、外交等领域的了解，及时关注中国的经济社会发展形势，深入探索中国和葡语国家关系发展，关注中国及中国与葡语国家合作的智库日益繁荣。其中较具影响力的有葡萄牙科英布拉大学中国与葡语国家研究院、葡萄牙中国研究中心、巴西应用经济研究所、巴西中国问题研究中心、巴西瓦加斯基金会法学院中巴研究中心、巴西坎皮纳斯州立大学中国社会科学院中心、巴西里约热内卢天主教大学金砖国家政策研究中心、中巴气候变化与能源技术创新研究中心、巴西圣保罗天主教大学中国研究中心、巴西圣卡塔琳娜联邦大学巴西南部与中国南锥体研究中心、巴西—亚太中国研究所、巴西里约热内卢联邦大学中国政治经济学研究实验室、巴西南里奥格兰德联邦大学金砖国家研究中心等。可以发现，葡语国家的智库主要集中在葡萄牙、巴西，其他葡语国家的智库尚有待推进。

2020 年，葡语国家的智库就中国及中国与葡语国家合作等话题积极组织活动或撰文发声，成为推动中国与葡语国家合作的又一积极力量。5 月，巴西瓦加斯基金会法学院中巴研究中心举办题为"新型冠状病毒：中国为何能在较短的时间内控制住疫情？"的专题讲座，中国驻巴西里约热内卢总领事李杨在讲座中分析了中国政府在抗击新冠肺炎疫情方面面临的挑战、新冠肺炎疫情对中国社会和经济带来的影响，并介绍了为防控疫情而采取的相关措施。10 月，巴西南里奥格兰德联邦大学金砖国家研究中心在其官方网站发表题为"金砖国家和 COVID – 19：抗击疫情和国际合作"的文章，文章分析比较了金砖国家新冠肺炎疫情的形势以及各国的主要应对政策，尤其对中国在抗击疫情方面的突出表现予以肯定。同月，葡萄牙智库"中国观察"主席洛里多（Lourido）撰文肯定了中国在教育、科技、减贫等方面取得的成绩，以及在推动全球化进程、支持多边主义、通过对话解决国际冲突等方面作出的重要贡献，尤其指出在新冠肺炎疫情持续肆虐全球之时，中国经济已经开始复苏并成为世界经济发展的主要动力之一。12 月，巴西应用经济研究所出版的第 24 期《世界时事》（*Tempo do Mundo*）杂志，围绕中国与包括巴西在内的拉美国家多领域合作发展进行研讨，刊登了题为《中国 2020～2050 年发展愿景及对拉美关系展望》《"一带一路"倡议与拉丁美洲的困境》《中国与阿根廷、巴西、智利和苏里南的外汇互换协议》《矿产战略及中巴关系：巴西矿业发展的合作机遇》等文章。

四　2020年中国与葡语国家的文化交流

（一）中国文化在葡语国家传播

中国文化有着强大的生命力，随着中国综合国力的日益增强和国际地位的显著提升，中国与葡语国家文化交往的日益密切，中国文化在葡语国家的传播，成为双方加强文化交流互鉴，将文化合作向纵深推进的重要抓手。

春节等传统节庆期间在葡语国家举办的文化活动，成为展示中华优秀传统文化魅力的重要载体，孔子学院和旅居葡语国家华人侨团则成为主要推动力量。孔子学院除推动中文教学、发展中文教育外，还积极通过丰富多彩的文化活动，为葡语国家人民搭建了解中华优秀传统文化的平台。2020年 1 月，巴西伯南布哥大学孔子学院举办 2020 年鼠年春节联欢会，在喜庆中让巴西学生了解中国、感受中国、热爱中国。2月，巴西 FAAP 商务孔子学院在 FAAP 博物馆开展中国文化日暨 2020 年中国新年庆祝活动，通过精心准备的中国文化宣传材料，向 FAAP 师生和当地民众展示了中国文化的魅力。新冠肺炎疫情期间，孔子学院通过网络视频方式进行中文课堂教学的同时，也在网上推出丰富的文化活动。6月，葡萄牙里斯本大学孔子学院举办"汉语语言文化月"线上活动期间，里斯本大学孔子学院与中国驻葡萄牙大使馆共同策划了语言文化系列讲座、文化电视片和"世界遗产在中国"图文介绍三个版块内容，介绍中国人文历史、传统文化、自然景观等。除孔子学院外，旅居葡语国家侨团也充分利用传统节庆推广中华优秀传统文化，2020 年 1 月，由中国驻葡萄牙大使馆、里斯本市政府、拉戈阿市政府、维拉贡德市政府主办，旅葡华人华侨各侨团承办的 2020 年葡萄牙"欢乐春节"庆祝活动在里斯本盛大举办，将中华优秀传统文化以文艺演出和文化展会为载体与葡萄牙人民分享，加深双方的友谊和了解，活动倡导的"欢乐"、"和谐"、"对话"和"共享"理念逐步走出华人圈，影响着越来越多的葡萄牙民众。[1]

中医药学是中华民族的伟大创造，是中国古代科学的瑰宝，它的哲学体系、思维模式、价值观念与中华优秀传统文化一脉相承，传承发展中医药文化是弘扬中华优秀传统文化、推动中医药传承创新发展的实践需要。[2] 中医药文化在葡语国家的传播，为葡语国家民众了解中华优秀传统文化提供了新的契机。2020～2021 年，中葡论坛常设秘书处和粤澳合作中医药科技产业园举办两届共 8 场"传统医药应对疫情网络研修班"，向葡语国家卫生部官员、技术人员及医生分享运用中国传统医药抗击新冠肺炎疫情，共 700 人次参与。2021 年 6 月，中葡传统医药研修班在云端举行，百余位巴西、葡萄牙、佛得角等国卫生专员、行业专家与中国专家参加，其间在巴西里约热内卢举行中葡论坛传统医药发展线上研讨会。[3] 中国与葡语国家在开发传统医药资源和加强中医药文化传承研讨方面有着广阔的合作空间，中国与葡语国家的中医药从业者、研究者和爱好者成为推动中医药文化在葡语国家传播传承的生力军。

在图书出版方面，2020 年 4 月，在中国银行（巴西）、巴西中资企业协会和中国国际贸易促进委员会驻巴西代表处大力支持下，《张文宏教授支招防控新型冠状病毒》（葡萄牙语版）一书在巴西出版，5000 本纸质版图书免费提供给中国驻巴西使领馆、孔子学院、巴西卫生部及相关机构。该书通

---

① 《2020 年葡萄牙"欢乐春节"活动在里斯本开幕》，海外网，2020 年 1 月 20 日，http://pt. haiwainet. cn/n/2020/0120/c3542570 - 31702981. html。

② 董玉节：《更好弘扬发展中医药文化》，《人民日报》2021 年 9 月 10 日。

③ 《中葡论坛传统医药发展研讨会线上举行》，人民网，2021 年 6 月 17 日，http://world. people. com. cn/n1/2021/0617/c1002 - 32132809. html。

过图文并茂的形式，用浅显易懂的语言向巴西读者介绍新冠肺炎以及个人在日常生活中的防护知识，巴西一线抗疫人员也可以从中了解到更多关于新冠肺炎病毒的知识，借鉴中国在疫情防控中的成功经验，以便更有效地应对新冠肺炎疫情。[1]

在影视领域，2020年12月，第十二届澳门国际电影节、第十一届澳门国际电视节、第十届澳门国际微电影节成功举办，发挥澳门东西方文化汇聚的优势，集中展示全球的优秀影视作品，[2] 也是对反映社会主义先进文化影视作品的检验与致敬。2021年11月，第三届中葡文化艺术节上举办"中国与葡语国家电影展"，影展以"电影老饕"为主题呈现几十部与美食相关的华语及葡语电影，[3] 展示中国与葡语国家在影视领域的交流合作成果。

（二）葡语国家文化走进中国

随着中国与葡语国家合作领域的不断拓宽和深入，葡语国家的体育、艺术、美食、传统手工艺等特色文化和地方民俗越来越多进入中国民众的视野，激发了中国民众体验葡语国家文化和特色民俗的兴趣。

在体育赛事方面，2020年2月，由中国国务院新闻办公室、中国驻里约热内卢总领事馆、里约热内卢体育厅指导，五洲传播中心和博塔弗戈足球俱乐部联合主办的"逐梦巴西·中巴足球嘉年华"活动在巴西里约热内卢博塔弗戈足球俱乐部成功举办，中国驻里约热内卢总领事、巴西公民部体育事务局官员等嘉宾及观众共计600余人出席。活动期间，身着中国西安兵马俑服装的巴西表演者，以全新方式演绎中国武术和花式蹴鞠，将活动推向高潮。中巴足球嘉年华活动搭建了体育沟通的桥梁，巴西是世界足球

---

① 《〈张文宏教授支招防控新型冠状病毒〉葡语版在巴西出版》，人民网，2020年4月2日，http://world.people.com.cn/n1/2020/0402/c1002-31659257.html。
② 《2020第十二届澳门国际电影节落幕》，新华网，2021年1月5日，http://www.xinhuanet.com/ent/2021-01/05/c_1126947764.htm。
③ 《与"电影老饕"有约：中国与葡语国家电影展呈献光影飨宴》，澳门特别行政区政府文化局官网，2021年10月28日，http://www.xinhuanet.com/ent/2021-01/05/c_1126947764.htm。

强国，中国与巴西在足球领域合作前景广阔，巴西总统博索纳罗 2019 年访华期间发表的《中华人民共和国政府和巴西联邦共和国政府联合声明》，特别强调加强足球合作对增进两国相互了解的积极作用。

在艺术交流方面，中国画家曹颖应葡中旅游协会、葡萄牙软木协会之邀出席中葡旅游文化节活动，2021 年 6 月举办以"青花与扇"为主题的油画个展并设计以"返璞归真、拥抱自然"为理念的大型软木壁画作品。中国青花瓷作为景德镇的四大传统名瓷之一，与葡萄牙蓝白瓷渊源已久。在欧洲中国陶瓷不仅是日常生活器皿，也被当作独特的审美对象，深刻地影响了欧洲的艺术。葡萄牙首都里斯本桑托斯皇宫的 261 件青花瓷珍品，在葡萄牙宫廷被视为珍宝。① 第十二届中国—葡语国家文化周采用"1+3"展览丰富线下体验，即 1 个中葡论坛成果展、3 个艺术家作品展，通过画作和摄影照片呈现艺术的张力。

在手工艺和美食交流方面，2020 年中葡论坛常设秘书处主办的第十二届中国—葡语国家文化周安排了丰富的手工艺展示活动，来自中国内地和澳门地区及葡语国家的原创手工艺师制作的木雕、拼布纺织艺术、皮革鞋履、鲁绣、皮影戏、珠宝首饰及贝壳等手工艺品，展现了民族特色和工匠精神。在美食方面，通过葡语国家美食展示，凸显舌尖上的美食文化，"葡语国家美食烹饪教学"十名大厨在线教授制作葡语国家特色美食，如巴西海鲜烩、百香果慕斯等。

文学作品也是我们了解葡语国家文化的重要载体，然而由于译者的缺乏，葡语文学作品在中国的知名度一直不高，而且又集中在葡萄牙葡语文学上，如卡蒙斯、佩索阿和萨拉马戈等人的作品。随着中国与葡语国家的交流日益广泛，葡语文学作品在中国也得到更广泛传播，其中不乏巴西和亚非葡语国家的葡语文学作品。2021 年 2 月，人民网对北京大学葡语专业教师闵雪飞进行专访，闵雪飞老师主要致力于葡语文学研究，出版多部葡

---

① 《交融与对话——画家曹颖作品再次亮相 2021 扬州世园会葡萄牙国家馆》，搜狐网，2021年 6 月 21 日，https://www.sohu.com/a/473186736_100147359。

语文学译著，如《星辰时刻》《隐秘的幸福》《梦游之地》《阿尔伯特·卡埃罗》《孤独的赢家》等，这些译著不仅让中国民众认识了巴西的克拉丽丝·李斯佩克朵、莫桑比克的米亚·科托等葡语国家作家，同时也对葡语文学有了进一步的兴趣与了解。葡语文学成为我们了解葡语国家文化和生活方式的窗口，也为中国与葡语国家的文化交流与合作搭建了新桥梁。[①]

（三）澳门平台下的中国与葡语国家文化交流

澳门特别行政区是东西文化交汇之地。为加强澳门与葡萄牙之间的文化交流，澳门回归前，澳葡政府曾在葡萄牙首都设立里斯本澳门联络处，回归后，2007年该联络处更名为"澳门驻里斯本经济贸易办事处"。作为中国文化传播的使者，该办事处开设语言教学教室和书店，免费向民众教授葡文和中文，加强双方之间的公共外交，传播中华优秀传统文化。近五个世纪以来，澳门特别行政区与葡语国家保持着密切的文化和经济交往，澳门特区政府为保护和弘扬（土生）葡人文化，促进澳门各族群之间的团结，举办了精彩纷呈的活动。一年一度的"葡韵嘉年华"活动广受市民、游客特别是不同葡语社群的欢迎，已成为澳门土生葡人的年度盛事。该活动从2008年开始增设"中国—葡语国家文化周"，注入中国特色歌舞、杂技、手工艺等中国元素，受到澳门土生葡人和葡语国家人士的欢迎和喜爱。2020年10月第二十三届葡韵嘉年华在澳门氹仔举行，通过葡语国家特色摊位、歌舞表演、美食、游戏等内容，展现澳门的葡语特色文化。"葡韵嘉年华"作为澳门促进中国与葡语国家文化交流的品牌活动，通过特色产品展示、艺术展演、人文交流凸显了澳门平台下中国与葡语国家文化交流的多样性。

在艺术展演方面，2020年，由中葡论坛（澳门）常设秘书处主办的"第十二届中国—葡语国家文化周"系列活动——葡萄牙、东帝汶及澳门艺术家作品展，在中国与葡语国家商贸合作服务平台综合体举办，活动以线

---

① 符园园、鲁扬：《未名湖畔的葡语译者闵雪飞：我的初衷不仅是做文学翻译》，人民网，2021年2月26日，http://world.people.com.cn/n1/2021/0226/c1002-32037809.html。

上线下相结合的新形式展开。新冠肺炎疫情虽然阻碍了葡萄牙和东帝汶两位艺术家到现场参与，但通过线下艺术家作品展极大丰富了文化周的活动内容。具有代表性的作品被带到澳门，同澳门艺术家作品共同参展，呈现当前葡语国家与澳门当代艺术的多元面貌。①

　　澳门作为中国与葡语国家交流平台的作用日益凸现，在中央政府的全力支持下，澳门特区政府和民间组织积极投入并参与到与葡语国家的交流合作中。澳门的平台作用促使中国和葡语国家加深了了解，更为重要的是澳门依托其中西文化交融的特色，促进了中国与葡语国家之间的文化交流，中国与葡语国家双方相互理解并尊重对方国家和地区的文化和价值观，共同为推动世界和谐做出贡献。

五　推动中国与葡语国家合作发展面临的挑战与未来展望

（一）以新发展理念促高质量合作，突破传统发展模式困境

　　新冠肺炎疫情不可避免地为各国经济和国际合作带来不利影响，但也为各国提供了冷静思考发展战略和合作模式的契机，尤其是对以牺牲环境为代价的传统发展模式的系统反思，有助于将绿色发展理念融入各国的战略中来。中国将生态文明建设纳入"五位一体"总体布局，提出包括创新、协调、绿色、开放和共享的新发展理念。在新发展理念的指引下，在保住绿水青山的前提下实现经济的增长和人民福祉的提升才是高质量可持续的发展。葡语国家拥有优质的生态环境，农林海洋资源丰富，在绿色发展中具有天然优势。在传统发展模式下，葡语国家尤其是亚非葡语国家的经济状况不佳，8 个葡语国家中有 5 个属于联合国公布的最不发达国家。但在绿色发展新起点上，中国与葡语国家可以在生态文明、绿色金融、水资源、海洋污染等领域展开合作，

---

　　① 《中葡语国艺术家作品展促交流》，《澳门日报》，2020 年 11 月 20 日，第 B01 版。

这无疑是葡语国家实现高质量发展的新契机和增长极，也是中国与葡语国家在该领域优势互补、"化危为机"的重要方向。

（二）进一步发挥市场作用

中国与葡语国家的经贸合作目前仍然主要是政府主导，企业的参与性与能动性发挥较为有限，市场的决定性作用尚未发挥。中国企业虽然对中国与葡语国家合作的前景充满信心，但对葡语国家营商环境的相对陌生、对营商风险承担能力的不足，导致企业观望者居多，参与者较少。[①] 中国与葡语国家的经贸合作应当强化政府的服务职能，弱化其全面主导的做法，通过各类型企业尤其是中小企业的共同参与，激发市场的力量。真正实现政府搭台、企业唱戏，让企业成为中国与葡语国家合作交流的主体。[②] 政府通过落实《粤港澳大湾区发展规划纲要》和《横琴粤澳深度合作区建设总体方案》，着重在政策倾斜和行政支持等方面建设有助于企业"走出去"的服务平台，瞄准企业的痛点做好服务和保障工作，在明确政府和市场职能边界的前提下实现有效联动，逐步过渡到市场在中国与葡语国家经贸合作中发挥决定性作用的崭新局面。

（三）与时俱进升级经贸合作模式

随着葡语国家的发展及中国与葡语国家合作的不断深化，传统的经贸合作方式也需要与时俱进，通过适时升级以适应新的合作发展需要。如安哥拉模式在中国支持安哥拉的战后重建中发挥了重要作用，这一模式又成功移植到其他类似国家。但随着安哥拉等国经济的不断发展，需要动态调整出新的经贸合作模式，对于双方在互信的前提下深化合作具有重要意义。在这一过程中，可以多关注葡语国家的需要和诉求，共同开发设计出新的

---

① 丁浩、庄玲玲：《澳门回归二十年中国与葡语国家的合作：澳门的贡献、作用与展望》，《"一国两制"研究》2020年第4期。

② 许英明：《"中国－葡语国家经贸合作论坛"成效、问题与展望》，《中国西部》2018年第6期。

合作模式，除商品贸易和承包工程等传统经贸合作优势领域外，在服务贸易、直接投资等方面可以开辟新的合作领域与模式。

（四）推动葡语教育国际联盟发展，解决教育合作单一问题

自 1960 年首个葡萄牙语学位课程创办以来，中国的葡萄牙语教育经历了 60 年的发展历程。截至 2020 年，中国内地已有 53 所高校开设不同层次的葡萄牙语专业，[①] 其中大部分高校已与葡语国家院校开展教育合作，但中国与葡语国家在教育领域的合作仍然集中在学生交流互换，国际交流与合作的形式较为单一。[②] 鉴于此，应进一步整合中国与葡语国家高校的优势资源，推动搭建校际交流的平台，总结借鉴双方在葡语教育方面的成功经验，促进葡语教育的高质量发展。2020 年成立的粤港澳大湾区葡语教育联盟可以在教育领域合作中发挥更大作用，联盟高校可以通过共同开发葡语课程、共同开展学术项目合作、共同举办教师技能培训、共同举办文化活动等举措，促进各成员高校间深化交流与合作，推动葡语教育联盟顺利运行。通过联盟的逐步扩容和建设，促进葡语教育质量的提升，更好地满足社会发展对葡语人才培养的需求。在提升葡语教育国际竞争力，推动葡语教育特色化发展中，立足湾区、放眼世界，构建葡语教育合作生态圈。

（五）促进中国与葡语国家在文化领域的合作全面深化

中国与葡语国家的文化交流存在着不平衡现象，中国与巴西、葡萄牙的文化交往密切，但与亚非葡语国家的文化交流不足。[③] 应探索将亚非葡语国家充分纳入文化交流的合作领域，从而改变中国与葡语国家文化合作不平衡的局面，促进中国与葡语国家在文化领域的全面深化合作。通过构建

---

① Júlio Reis Jatobá, Política e Planejamento Linguístico na China: Promoção e Ensino da Língua Portuguesa (Ph. D. diss., University of Macau, 2020), pp. 55 – 58.
② 尚雪娇:《"一带一路"倡议下中国内地与葡语国家高等教育合作研究》，载尚雪娇、丁浩主编《中国与葡语国家合作发展报告（2020）》，社会科学文献出版社，2020.
③ 丁浩、尚雪娇:《高光夺目、继往开来：2019 年中国与葡语国家的合作发展》，载丁浩、尚雪娇主编《中国与葡语国家合作发展报告（2020）》，社会科学文献出版社，2020。

双方"异质共存"与"和而不同"的关系形态，使双方的文化交流与合作形成体系化和融汇化。在新冠肺炎疫情仍然肆虐的情况下，在文化交流的形式和内容上可以更加灵活和多元，充分利用线上和线上线下相结合的有效方式，让双方在实体空间和虚拟空间中实现自由的文化交流。除继续在政府层面组织推动外，应发挥非营利组织、高校和企业的作用，通过不同组织机构的有效联动，促进不同区域和主体之间开展更深入的文化交流与合作。

在新冠肺炎疫情肆虐的2020年，中国与葡语国家"同舟共济"，在国际舞台上发声支持，在双边合作中守望相助，在共同应对疫情中续写友谊，中国与葡语国家的友谊历经磨炼与洗礼而弥足珍贵。更加重要的是，在疫情的催化下世界格局发生了深刻剧变，中国与葡语国家以"化危为机"的理念与智慧，积极探索新的合作与发展之路。在服务贸易、数字经济、跨境电商领域的创新突破，使得本来相距遥远、分布广泛的中国与葡语国家迎来了合作与发展的新机遇，疫情的阻隔从某种程度上反而将双方更紧密地联系起来。展望未来，疫情带来的世界格局深刻变化仍在持续，大国之间的关系也日趋复杂，但历经磨炼的中国与葡语国家友谊不会褪色，稳步推进的中国与葡语国家合作不会停滞。在澳门不断融入国家发展大局和继续发挥其平台作用的推动下，中国与葡语国家必将在新时代的高质量合作中再谱共同发展的新篇章，通过中国与葡语国家命运共同体的构建与建设，为人类命运共同体这一宏伟目标的实现贡献更加积极的力量。

经贸合作篇

Economic Reports

A.2
中葡论坛与中非经贸博览会的
对接联动机制研究

刘若斯　丁　浩*

摘　要： 新冠肺炎疫情防控常态化背景下，中国与葡语国家及非洲国
　　　　家的经贸合作面临严峻的挑战，也面临空前的发展机遇。中
　　　　葡论坛和中非经贸博览会，是促进中国与葡语国家、中国与
　　　　非洲国家经贸合作的两个重要平台。两个平台理念目标相通、
　　　　与会成员国存在重叠、对外合作领域有交集，又各自依托于
　　　　差异化的平台优势和区位优势，具备对接联动的合作基础。
　　　　二者应加强沟通、长效合作，经验互鉴、资源共享，优势互
　　　　补、协调发展，与区域发展相融合、与区域联动相协同，并

* 刘若斯，金融学博士，中南林业科技大学经济学院讲师；丁浩，管理学博士，广东外语外
贸大学商学院副院长、副教授、硕士生导师，葡语国家研究所所长。

通过合作破解共同障碍。二者通过对接联动、发挥协同效应，对于进一步推动中国内地和澳门地区以及葡语国家和非洲国家开展更加深入和全面的交流与合作，共同打造和落实"双循环"新发展格局、共建"一带一路"和构建人类命运共同体有着重要且深刻的意义。

关键词： 中葡论坛　葡语国家　中非经贸博览会　中非合作论坛　对接机制

在单边主义冲击国际合作，保护主义冲击国际贸易，强权主义冲击国际稳定的背景下，① 加之 2020 年以来新冠肺炎大流行，当今世界面临百年未有之大变局，中国发展的外部环境发生了深刻而复杂的变化。在各国经济发展和经贸交流遭受冲击、世界经济不稳定因素增多、中国外部循环受限受阻的背景下，"以国内大循环为主体、国内国际双循环相互促进"的新发展格局因应新形势提出，中国对外开放开始进入"引进来"和"走出去"双向并重的阶段。其中，"外循环"开始更加重视层次性，更多地面向发展中国家，持续不断地促进和推动"新南南合作"。

以深化经贸合作为宗旨的"中国—葡语国家经贸合作论坛（澳门）"（以下简称"中葡论坛"或"中葡经贸合作论坛"）与"中国—非洲经贸博览会"（以下简称"中非经贸博览会"），是促进和推动"新南南合作"的重要平台。在新冠肺炎疫情防控常态化背景下，葡语国家及非洲国家普遍面临经济萎靡不振、失业率屡创新高的困境，需要来自中国的订单和投资，也需要中国在抗疫领域积累的经验；而中国虽然率先控制住了疫情、恢复了经济和生产，但面临疫情下萎缩的全球市场和以美国为首的西方发达国家敌意

---

① 《王毅：2020 年可能是国际秩序和国际关系受到损害最大的一年》，中国外交部网站，2020 年 12 月 19 日，https://www.fmprc.gov.cn/web/wjbzhd/t1841310.shtml。

排斥，也需要来自葡语国家及非洲国家的市场和资源。中国与葡语国家、中国与非洲国家之间的合作发展面临迫切的需求和空前的机遇，中葡论坛与中非经贸博览会的平台作用更加凸现。两个平台理念相通、组织目标相似、成员国部分重叠、对外合作领域高度交叉，若能对接联动发展，将能发挥协同效应，更好地持续深入推进中国与葡语国家、中国与非洲国家之间的经贸合作。

一 中葡论坛与中非经贸博览会的比较

中葡论坛于 2003 年在澳门创立，由中国中央政府发起、中国商务部主办、澳门特别行政区政府承办，安哥拉、巴西、佛得角、几内亚比绍、莫桑比克、葡萄牙、圣多美和普林西比与东帝汶等八个葡语国家共同参与，是以经贸促进与发展为主题的非政治性政府间多边经贸合作机制，旨在加强中国与葡语国家之间的经贸交流，发挥澳门联系中国与葡语国家的经贸平台作用，促进中国内地尤其是泛珠三角区域、葡语国家和中国澳门的共同发展。[1] 中葡论坛成员国中有 5 个非洲国家，服务中国与非洲葡语国家的经贸合作是中葡论坛的重要内容。

中非经贸博览会是习近平主席于 2018 年 9 月在中非合作论坛北京峰会上宣布的对非合作"八大行动"的第一大行动，是首个国家级、综合性、国际化对非经贸合作机制，也是中非合作论坛机制下唯一的经贸合作平台，首届博览会有 53 个非洲国家组团参展。博览会由中国商务部与湖南省人民政府共同主办，长期落户湖南，意在打造对非经贸合作新机制、中非合作论坛经贸举措落实新平台、地方对非经贸合作新窗口，推动中非经贸合作向更高水平、更高质量发展。[2]

---

[1]　中国—葡语国家经贸合作论坛（澳门）常设秘书处官方网站，https://www.forumchinaplp.org.mo/sc/。

[2]　阳建、张玉洁、王小鹏、丁蕾：《中非经贸合作迈向新征程》，《参考消息》2019 年 6 月 26 日，第 10 版。

中葡论坛与中非经贸博览会有较多相似点。一是两个平台均为国际化、综合性、常态化的多边平台；二是两个平台理念相通、主题相似、目标一致；三是两个平台所推动的合作高度交叉在贸易投资、农业、基础设施、自然资源等领域；四是两个平台的与会国，除葡萄牙外均为发展中国家，且有 5 个非洲葡语国家同时为两个平台的与会国。

与此同时，中葡论坛与中非经贸博览会也存在明显的差异。一是两个平台的永久举办地不同：澳门是沿海国际化微型经济体，湖南是内陆农业和装备制造业大省，这使得两个平台的优势和作用发挥机制存在差异；二是两个平台的举办历史不同：中葡论坛于 2003 年 10 月创设，而首届中非经贸博览会于 2019 年 6 月方才举办，这使得两个平台在运作经验和后发优势上存在差异；三是两个平台的与会国数量和地理区域分布不同：中葡论坛仅有 8 个与会国，但分散在欧洲、南美洲和亚洲，而中非经贸博览会虽有 53 个与会国，但都集中在非洲。以上相似点和差异性，是两个平台建立对接联动机制、合作推进中葡和中非经贸关系深化的基础。

表 1　中葡论坛与中非经贸博览会对比

	中葡论坛	中非经贸博览会
主办方	中华人民共和国商务部	中华人民共和国商务部、湖南省人民政府
承办方	澳门特别行政区政府	湖南省商务厅、商务部外贸发展局、中共湖南省委外事工作委员会办公室、中国国际贸易促进委员会湖南分会、长沙市人民政府
会议时间	于 2003 年、2006 年、2010 年、2013 年和 2016 年举办五届部长级会议	于 2019 年和 2021 年举办两届博览会
永久举办地	澳门	湖南长沙
执行机构	中葡论坛常设秘书处	中非经贸博览会组委会秘书处
与会国	葡萄牙、巴西、安哥拉、佛得角、几内亚比绍、莫桑比克、圣多美和普林西比、东帝汶	53 个非洲国家（含安哥拉、佛得角、莫桑比克、几内亚比绍、圣多美和普林西比 5 个葡语国家）

续表

	中葡论坛	中非经贸博览会
平台目标	加强中国与葡语国家之间经贸交流，发挥澳门联系中国与葡语国家的经贸平台作用，促进中国内地、中国澳门和葡语国家共同发展	打造为中非经贸合作新机制、中非合作论坛经贸举措落实新平台、我国地方对非经贸合作新窗口，加强新时代中非经贸合作、推动中非经贸合作向更高水平、更高质量发展
合作领域	政府、贸易、投资与企业、产能、农林渔牧业、基建、能源、自然资源、教育与人力资源、金融、发展合作、旅游、运输与通信、文化、广播影视与体育、卫生、海洋、省市间合作等	贸易、投资、基础设施、制造业、农业、渔业、食品、能源电力、医药健康、金融合作、合作园区、产业链合作
举办形式	定期举办中葡论坛部长级会议，签署《经贸合作行动纲领》；定期举办高官会，评估上述纲领的执行情况并筹备下一届部长级会议；与会国轮流举办中国与葡语国家企业经贸合作洽谈会	"会"：农业、贸易、园区、基础设施、融资合作等专题；"谈"：非洲国家投资推介、中国省区市推介、中非经贸合作磋商会等；"展"：非洲国家展、中非经贸合作成果展、合作案例方案展、中国省区市展、中国企业展、网上博览会等
金融配套	中国与葡语国家人民币清算中心、中葡合作发展基金	中非跨境人民币中心、拟设立中非贸易促进发展基金
人才培训	中葡论坛（澳门）培训中心	中非经贸合作职业教育产教联盟
运作成效	首届部长级会议确定7个合作领域，第五届部长级会议拓展为18个合作领域；2003年中国和葡语国家贸易额刚过100亿美元，2020年达1451.85亿美元	2019年首届博览会签署了84项合作文件，涉及金额208亿美元；2020年湖南对非洲进出口额42.73亿美元（同比增长18.1%），位列中国第八、中国中部第一

资料来源：笔者根据中葡论坛、中非经贸博览会、中国海关总署等官网资料整理。

二　中葡论坛与中非经贸博览会对接联动的基础

（一）两个平台以经贸为主题，与会国部分重叠

中葡论坛和中非经贸博览会均为国际化、综合性、常态化的多方经贸合作平台，两个平台主题相似、理念相通、目标一致，这为二者对接联动、合作发挥协同效应提供了基础。事实上，两个平台已经进行了一定程度的

交流和互动，如 2019 年 6 月中葡论坛常设秘书处丁恬和罗德高副秘书长率代表团前往湖南长沙参加首届中非经贸博览会。

表 2　历届中葡论坛部长级会议和中非经贸博览会举办日期和主题一览

会议	届次	举办日期	主题
中葡论坛部长级会议	一	2003.10.12~14	互利合作、共同发展
	二	2006.9.24~25	深化合作、共同发展
	三	2010.11.13~14	多元合作、和谐发展
	四	2013.11.5~6	新起点、新机遇
	五	2016.10.11~12	迈向更加坚实的中葡经贸关系
中非经贸博览会	一	2019.6.27~29	合作共赢，务实推进中非经贸关系
	二	2021.9.26~29	新起点、新机遇、新作为

资料来源：笔者根据公开报道整理。

　　此外，中葡论坛的 8 个与会国中有 5 个位于非洲，这 5 个非洲葡语国家均参加了中非经贸博览会，分别是：安哥拉、莫桑比克、佛得角、几内亚比绍，以及圣多美和普林西比。其中，安哥拉是近年来中国在非洲仅次于南非、在葡语国家中仅次于巴西的第二大贸易伙伴[1]；与此同时，中国对莫桑比克、佛得角和几内亚比绍等国的投资也在不断加强，2019 年中国在莫桑比克所有新增外资来源国家和地区中位列第二。[2] 这些重叠的非洲葡语国家，对于两个平台来说均为重要成员，且具备较大开发潜力，因此两个平台提供了共同的合作对象和议题。

　　再者，中葡论坛和中非经贸博览会两个平台与会国的重叠性和组织目标的相似性，使得双方存在某种程度的潜在竞争，但作为发起国中国可以充分发挥协调优势，促进两个平台在可能产生竞争的领域进行磋商，规避竞争、强化合作。

---

[1]　根据中国海关总署的统计数据，2020 年安哥拉是中国在非洲仅次于南非和尼日利亚的第三大贸易伙伴。

[2]　中国商务部：《对外投资合作国别（地区）指南：莫桑比克（2020 年版）》。

（二）中国与两平台中其他成员国的经贸合作具有互补性

一方面，葡语国家及非洲国家大都有着充沛的日照和热量条件、丰富的能源矿产等自然资源和较低的劳动力成本，而中国经济正处在快速发展阶段，对能源和矿产等自然资源的需求量巨大，且在人口红利消退的背景下需要向外转移劳动力密集型产业，葡语国家及非洲国家具备相关条件。另一方面，葡语国家及非洲国家大多处于工业化发展初级阶段，制造业不发达、基础设施不完善、技术落后且资金匮乏，矿产开采能力不足，而中国拥有完备的制造业体系、强大的基础设施建设能力、相对成熟的技术和充沛的资金，可助力其工业化发展。

综上，在自然资源、资金技术、产业结构、市场需求等方面，中国和葡语国家、中国和非洲国家均存在较强的互补性，具有相似的经贸合作基础，①这为中葡论坛、中非经贸博览会相互借鉴经验、共同探讨持续深化中葡和中非经贸合作的机制与路径、通过对接联动合作来优化双方平台作用提供了条件。

（三）中国与两平台中其他成员国的经贸合作面临相似障碍

中国与葡语国家及非洲国家虽然合作潜力巨大，但也面临较多障碍。葡语国家及非洲国家普遍存在政治不稳定、基础设施不完善、法律法规不健全、公共债务高、地方保护明显、人力资本欠缺、通关效率低等问题，这使得中国对其贸易投资面临较大的风险和困难；而且葡语国家及非洲国家大多面临通胀和货币贬值问题、外汇短缺且管制严格，这使得中国面临较高的外汇风险，甚至出现"挣钱但钱回不来"等现实问题；加上全球经济萎缩、经贸结构重新洗牌，进一步增加了中国与葡语国家及非洲国家经贸活动的不确定性。此外，在西方政客与媒体的渲染下，近年来一些葡语国家及非洲国家的经济民族主义有所抬头，出现了一些对中国不友好甚至

---

① 丁浩、丁来涛：《中国与葡语国家商品贸易的竞争与互补性研究》，《国际商务研究》2017年第4期。

是歪曲和诋毁的声音。例如，中非共建"一带一路"的旗舰项目——蒙内铁路的建设在 2020 年被肯尼亚上诉法院裁定不符合法律规定，该项目被抹黑为是中国布置的"债务陷阱"①；有的国家领导人发表对华不友好言论，这在一定程度上影响了中国与葡语国家及非洲国家广泛的经贸往来的基础上，合作规模和合作层级的进一步提高。

相似的海外商业环境、重合的产业合作领域，使中葡论坛和中非经贸博览会在各自工作开展中面临相似的困难、需要识别相似的风险，这为两个平台对接联动，共同探索应对不确定性、化解风险、突破障碍的方法提供了基础。

（四）两个平台所在区位各有所长

中葡论坛的永久举办地在澳门，中国澳门地区与葡语国家有着紧密而悠久的历史文化联结。中国澳门地区的行政和法律体系与葡语国家相近，且以中文和葡语为官方语言，是中国使用葡语最集中的地区。澳门还定期举办各种活动，例如始于 1998 年的"葡韵嘉年华"，向澳门居民宣传和介绍葡语国家风俗文化。澳门特别行政区还是葡语都市联盟的创始会员，在城市层面上将中国与葡语国家联系了起来。澳门特别行政区与葡语国家在历史、文化、语言、制度、民心、城市上的联结，澳门特别行政区居民对中国内地和葡语国家风俗文化的了解，澳门特别行政区企业对中国内地和葡语国家市场的熟悉，使澳门特别行政区成为中国与葡语国家沟通的最佳桥梁。此外，澳门特别行政区还是单独关税区，拥有高度国际化的对外联系网，通过举办"澳门国际贸易投资展览会""国际基础设施投资与建设高峰论坛"等活动，成为促进中国与葡语国家经贸合作的重要平台。但是，作为高度依赖博彩业的微型经济体，澳门特别行政区土地资源匮乏、人力资源稀缺、产业集中度高，其自身与葡语国家的产业互补性较小、经贸合作的空间和规模有限，因此澳门特别行政区的平台作用并非体现为直接与

---

① 《蒙内铁路遭遇不利判决影响几何，东非铁路网缘何负重前行》，财新网，2020 年 6 月 30 日。

葡语国家进行经贸合作，更多的是作为纽带，为广阔的中国内地和葡语国家经贸合作提供强有力的中介服务。[①] 而这需要澳门加强与中国内地的联系，依托内地巨大的市场、强大的产能与葡语国家开展经贸合作，弥补其产业单一和经济规模的不足。

中非经贸博览会的永久举办地之所以落户内陆省份湖南，一方面是因为湖南与非洲有着较高的产业互补性，另一方面是因为湖南的经济发展对于非洲有着较强的示范效应。首先，非洲国家普遍以小农经济为主，农业基础设施和技术人才缺乏，农业产品商品化更是处于初级发展阶段，粮食问题成为长期困扰很多非洲国家的突出问题——这在疫情发生后尤为明显[②]；而湖南是中国的农业大省，其杂交水稻技术、渔业水产养殖、畜牧业养殖等先进农业技术可满足非洲国家的迫切需求，在发展农业、解决粮食安全问题乃至农产品加工领域拥有许多的成功经验可供非洲国家参考借鉴。其次，非洲国家虽然矿产资源丰富，但装备制造落后、缺乏开采技术，有着迈向工业化的诉求；而湖南工业门类齐全，在工程机械、装备制造、矿产品开采与深加工等领域都具备独特优势，与非洲的工业发展需求极为契合。而且湖南正从农业大省向智能制造创新型省份转型，经济体量和质量高速上升，这对于以农业为主、制造业落后的非洲国家来说，无疑是学习中国方案、了解中国道路、借鉴中国智慧的样本。总体来看，湖南的产能与非洲的需求高度契合，非洲可以在湖南找到符合自身发展需求的产品、技术和经验；湖南与非洲的发展阶段前后衔接，非洲可以从湖南的发展中借鉴和学习经验。然而，作为一个内陆省份，湖南并不具备像澳门那样的地理区位和国际化优势；且湖南与非洲国家的交流以官方为主、靠政策推动，并不具备澳门特别行政区和葡语国家之间的民间交流基础和历史文化纽带。

综上，中葡论坛常设秘书处所在的澳门具有和葡语国家联系紧密、国际化程度高的优势，中非经贸博览会所在的湖南具有和非洲国家产业契合

---

① 丁浩、庄玲玲：《澳门金融业融入大湾区发展的机遇与路径》，载庞川、林广志主编《粤港澳大湾区发展报告（2018~2019）》，广东人民出版社，2019。

② 根据国际货币基金组织 2020 年 6 月的统计数字，非洲地区有 2.4 亿人处于饥饿状态。

度高、市场互补性强的优势。两个平台具备依托所在区位的差异化优势，分工合作、协同发展的条件。

（五）两个平台各具特色、优势互补

中葡论坛始创于 2003 年，已成功举办五届部长级会议并签署了不断深化的《经贸合作行动纲领》，还组建了常设秘书处和辅助办公室来支持论坛运作和管理，在运作机制和组织架构上较为稳定和成熟。论坛不仅重视中国和葡语国家在经贸领域的发展，还在文化、艺术、教育、医疗等领域推动双方广泛交流：2020 年，论坛主办了"中国—葡语国家文化周"，举办了"传统医药应对疫情网络研修班"和"第十一届国际基建高峰论坛平行论坛葡语国家投资推介会"，在"活力澳门推广周·山东青岛"设立了"葡语国家馆"，并参与了"国际抗疫合作系列线上研讨会""第二十五届澳门国际贸易投资展览会""线上广交会"等活动。中葡论坛通过各类活动，推动了中国、葡语国家和葡语国家共同体①等在多领域建立广泛而紧密的联系，积累了推动中国和葡语国家经贸合作的丰富经验。

中非经贸博览会是中国首个国家级、综合性的国际化对非经贸合作展会，首届中非经贸博览会于 2019 年举办并获得圆满成功，53 个与中国建交的非洲国家均组团参展，联合国工发组织、粮食计划署、世贸组织、非洲联盟等 10 余个国际组织参会，中国 31 个省市区和新疆生产建设兵团均设立展位，150 多家一级央企及子公司和 800 多家国内行业重点企业参会参展，逾一万名海内外嘉宾应邀前来，观展人数突破 10 万人次。② 不同于中葡论坛属于多功能综合型平台，兼顾官方与民间、经贸与人文、多边与双边、内地与海外，持续密切开展不同层次和形式的交流，中非经贸博览会聚焦于

---

① 葡语国家共同体由葡萄牙、巴西、安哥拉、莫桑比克、几内亚比绍、佛得角、圣多美和普林西比、赤道几内亚和东帝汶等 9 个官方语言为葡萄牙语的国家组成，共同体总部设在葡萄牙首都里斯本。

② 《84 项合作、208 亿美元，首届中非经贸博览会成果丰硕》，中国—非洲经贸博览会官网，2019 年 6 月 30 日，https://www.caetexpo.org.cn/previous/。

中非合作的重点领域、重点区域、重点产业，集中非双方的政府、企业、金融、学术界和国际组织于一会，组织规模盛大的洽谈和展览活动。目前中非经贸博览会处于快速发展期，但作为一个年轻的平台，还需在构建长效机制、摸索定位特色、丰富活动形式、调动民间力量等方面进行探索和学习。

总体来看，中非经贸博览会规模盛大、成效明显，成为中葡论坛之外促进中国与葡语国家经贸合作的又一个新平台；而中葡论坛相对成熟的运作机制和丰富的活动举办经验，可为中非经贸博览会的发展和完善提供借鉴。

三　中葡论坛与中非经贸博览会对接联动面临的挑战

（一）两个平台存在潜在竞争

中葡论坛和中非经贸博览会的与会国存在部分重叠、组织目标也高度相似，这使得两个平台之间不仅在大量交叉领域具备合作潜力，也导致两个平台之间存在潜在竞争，两个平台还有可能开展重复工作、造成资源浪费。如何明确自身优势、形成差异化定位并将之体现为能强化合作而非激化竞争的对接联动机制，是两个平台面临的挑战。

（二）两个平台仍有明显区别

虽然中葡论坛和中非经贸博览会在平台级别和功能、理念和目标、对外合作领域等方面大体一致，但在组织架构、运作方式、平台优势、依托区位、历史文化背景等方面还是存在明显的区别。如何在议题层面通过重点聚焦找到契合点、避免各行其是，如何在具体工作开展中相互配合而非各自为战，如何在差异化条件下将两个平台的联动落到实处而不是停留在浅层互访，是两个平台共同面临的挑战。

（三）两个平台面临不同的多边关系

中葡论坛和中非经贸博览会进行对接联动的重要基础，是两个平台共同的 5 个非洲葡语与会国。但两个平台同时肩负促进中国与其他 3 个葡语国家、中国与其他 48 个非洲国家之间经贸合作的重任。特别是，中葡论坛目前虽然仅有 8 个与会国，但同时包含了葡萄牙这样的发达国家、巴西这样的金砖国家以及其他欠发达国家；而中非经贸博览会的与会国虽然都是非洲发展中国家，但其数量高达 53 个。这导致两个平台在各自多边协调机制构建上的重难点有区别。两个平台如何在共同推进中国与 5 个非洲葡语国家之间经贸合作的同时，各尽其职，促进中国与其他与会国的合作也不断深化，以及从对非洲葡语国家经贸合作的推动工作中，总结经验教训和可复制推广的模式，将之拓展运用到其他与会国，也是其面临的挑战。

四 中葡论坛与中非经贸博览会对接联动的方向

中葡论坛与中非经贸博览会有着深厚的合作基础，但也面临潜在竞争。这使得两个平台的对接联动显得十分必要：只有在可能出现竞争的领域进行磋商和协调，在具备合作潜力的领域进行探索和开发，方能在推进中国与葡语国家、中国与非洲国家的经贸合作上发挥协同效应。

（一）加强沟通，建立长效合作机制

中葡论坛和中非经贸博览会应在各自多边平台形成的框架协议和合作原则的基础上，加强两个平台之间的沟通和互动，以寻求合作契机。事实上，两个平台已经开展了一定的交流合作：2017 年 9 月，中葡论坛常设秘书处与湖南省商务厅联合举办了"湖南—澳门·葡语国家产能合作推荐会"，后者是中非经贸博览会的承办单位；2019 年 6 月，中葡论坛常设秘书处丁恬和罗德高副秘书长率代表团，前往湖南参加了首届中非经贸博览会；2021 年 9 月举行的第二届中非经贸博览会，专门安排了"中国—非洲葡语国家渔业暨水产品推介对接会"和"非洲葡语系国家专场推介会"等。

但上述交流合作还未形成框架制度或协议，为增进合作、提高效益，两个平台可通过建立合作伙伴关系等方式，构建长效合作机制，使得双方

的对接联动常态化并具备延续性。例如，中葡论坛可以作为协办单位参与两年一届的中非经贸博览会，在博览会设立展位宣传葡语国家投资营商环境和澳门平台作用；而中葡论坛三年一届的部长级会议以及为筹备部长级会议而举办的高官会，亦可邀请中非经贸博览会主办方和承办方参加，共同探讨合作议题、明确合作方向、达成双方或多方协议，从而创造性地把举办中非经贸博览会、中葡论坛部长级会议和高官会等工作有机结合起来，使"湖南—澳门—非洲葡语国家"模式下的合作交流渐成体系、迈入机制化轨道。双方还可就国际援助政策、贸易政策、投资政策等进行整合，形成合力，发挥两个平台的增幅效应。

（二）互学互鉴，促进经验资源共享

中非经贸博览会要持续地保持特色和成效，并形成对非经贸合作的长效机制，就需要设立类似于中葡论坛常设秘书处这样的机构，让专门的人员、专门的队伍进行常态化的组织分工，策划项目的撮合、跟进项目的落地、搜集往期项目的经验、组织下一届项目的收集，如此方能实现届与届之间的承接和推进。目前湖南正在探索筹备相关事宜，而这可以参考中葡论坛运作多年来积累的经验。中非经贸博览会年限虽短，但非常重视经验的积累和传承，其组织编写的《中非经贸合作的案例方案集》精心挑选了101个涵盖中国21个省市、非洲31个国家的优秀案例方案，涉及农业、工业制造、商业贸易、基础设施、园区合作、能源矿业、融资合作、综合及其他等八大领域，具有可借鉴、可复制、可推广、可持续、可落地的特征。中葡论坛也可借鉴这些宝贵经验，使之成为中葡经贸合作实践的方法指引、项目运营的工具书。

双方还应构建资源共享机制。中葡论坛常设秘书处以中葡双语定期出版年报和季刊，前者梳理论坛年度工作，后者则跟进政治经济领域最新动态，为商贸人士提供了前沿资讯窗口；论坛还与澳门大学、澳门理工学院、澳门科技大学和澳门城市大学等高校合作，以学术研讨会等形式对中国与葡语国家的经贸合作进行研究。中非经贸博览会则聚焦非洲、面向全球收

集和整理中外经贸合作项目，在可切换中、英、法三语的官网进行发布；中非经贸博览会还有依托湖南大学、中南大学、湖南农业大学设立的中非经贸合作研究院，和主要由业界专家组成的湖南省中非经贸合作研究会，兼顾理论和实践的专属智库为中非经贸博览会提供了智力支持。双方应充分发掘这些可以交叉利用的资源、调动双方各具优势的外语人才，探索信息平台共建、研究成果共享互译等机制，实现资源利用效率最大化。

双方应探索建立经验互鉴、资源共享的机制，尤其是在优化组织运作、活动举办、人力资源培训、投融资支持、跨境人民币交易、信息发布等领域，将大有可为。

（三）优势互补，加强平台协调合作

中葡论坛不仅着力于推动中葡经贸交往，还围绕社会、文化、艺术等多领域交流开展工作；不仅与各层级各领域的中葡政府官员进行互动，也积极推进中葡民间交流；不仅注重加强中国澳门特别行政区与葡语国家的联系，还履行着联结中国内地和葡语国家的中介和纽带职能。论坛成立以来，举办了"中国—葡语国家青年企业家论坛""中国—葡语国家投资合作研讨会""中葡企业合作网络研讨会""葡语国家旅游产品推介会""中国—葡语国家食品安全监察研讨会""传统医药应对疫情网络研修班""中国—葡语国家文化周"等系列活动，并组织澳门与内地省市赴葡语国家调研、接待葡语国家赴中国研修或洽谈，这些工作有效促进了中国与葡语国家之间的全方位交流和民心相通①，为中葡经贸合作奠定了坚实的基础。然而，受限于澳门特区的经济规模和产业结构，中葡论坛推动中葡经贸合作上必须借助内地的力量，将内地市场与葡语国家市场进行对接。

不同于中葡论坛的"组合拳"，中非经贸博览会的工作以"政府推动、顶层设计、规划先行、项目载体"为特点，更多依托湖南的产业基础和政

---

① 丁浩、庄玲玲：《澳门回归二十年中国与葡语国家的合作：澳门的贡献、作用与展望》，《"一国两制"研究》2020 年第 4 期。

策红利，直接而有力地推动中非经贸合作。这种方式收效迅速且明显：2019年首届博览会仅三天就成交 208 亿美元、2020 年湖南对非贸易额上涨 18.1%，湖南迅速打响了"中国地方对非合作新高地"的名片。然而，要长期维持和推进中非经贸关系，湖南还需要和非洲建立更具弹性的软联结和纽带，这离不开丰富多样的人文艺术交流活动支持，和基于民间交往建立的深厚感情。

中葡论坛可将中非经贸博览会作为推广自身的有力新平台，中非经贸博览会则可以借助中葡论坛举办的各类活动扩大国际影响力。双方应设计出优势互补的对接联动机制，发挥两个平台"大市场 + 强中介"的协同效应。此外，澳门的国际化优势决定了中葡论坛是带动内地产业和商品走出去的传统贸易投资平台，对此湖南应多加以利用；但湖南在移动支付、电商平台、直播带货等新业态上具备独特优势，2021 年中非经贸博览会首届非洲产品直播电商节开播，邀请 MCN 机构、非洲留学生等，开展大规模非洲产品直播带货，中葡论坛也可以利用该平台在电子商务领域的优势，使之成为葡语国家商品走向内地的新型线上平台。

（四）区域联动，实现区域协同发展

不论是基于历史因素、政策因素还是基于地理区位，澳门特区都有着高于湖南的国际化程度，是连接中国与葡语国家经贸合作的纽带，其中介效应非常明显。澳门所处的粤港澳大湾区，是中国开放程度最高、经济活力最强的区域之一，粤港澳大湾区建设需要扩大经济腹地、缓解资源紧张、寻求产业专业的后方基地。湖南是内陆省份，对外开放相对较晚，但面积是澳门的 6000 多倍，拥有以隆平高科为代表的现代农业，以三一重工、中联重科为代表的工程机械，以中车株机为代表的轨道交通，以湖南有色地勘局、省地矿局、湖南黄金集团为代表的矿产勘探，以湖南路桥、远大住工、泰富重装为代表的基建产业。凭借完备的产业基础，湖南主动承接粤港澳大湾区的经济辐射和产业转移，并作为粤港澳大湾区的农产品供应基地、人才和劳务输出基地，为粤港澳大湾区的繁荣发展提供重要支撑。湖

南虽是内陆省份，但利用其"东部沿海地区和中西部地区过渡带、长江开放经济带和沿海开放经济带结合部"的独特区位优势，积极打造内陆开放新高地：2020 年 9 月中国（湖南）自由贸易试验区获批，湖南推出一揽子创新举措，建设中非经贸深度合作先行区；2021 年 3 月，湖南省省长毛伟明会见六个葡语国家的驻华使节，表示将支持建设长沙·澳门中心①，这有望成为湖南加强与葡语国家联系的新桥梁、湖南对接粤港澳大湾区的新窗口。

湖南和粤港澳大湾区地域相邻、经济相连、文化相接，具备区域联动发展的条件。而更深层次的泛珠三角区域联动，无疑能进一步提升中葡论坛和中非经贸博览会的优势和影响力。中葡论坛和中非经贸博览会应充分利用上述有利条件，深度融入各自区域的发展战略，并认真研究珠三角和湖南在区域协调、产业承接等方面的政策，使平台的对接联动与区域的联动发展相协同。

（五）通力合作，破解经贸重大难题

中葡论坛与中非经贸博览会的对接联动不仅应发挥二者的互补优势，还应梳理双方面临的共同障碍，聚焦于重大问题，合作探索破解障碍的方法。

比如，两个平台都面临中小企业参与不足的问题，而中小企业融资难是该问题的重要原因。目前支持中国与葡语国家及非洲国家经贸合作的基金，主要有中非发展基金、中非产能合作基金、非洲中小企业发展专项贷款、丝路基金、中葡合作发展基金等。这些基金往往因投资标的大、投资门槛高，对中小企业不友好。目前湖南正在筹备成立中非贸易促进发展基金，对此中葡论坛可以提供其在中葡合作发展基金创设运作中积累的经验教训，共同研究如何降低准入门槛、简化审批流程、创新合作模式，甚至

---

① 《毛伟明会见葡语六国驻华使节》，湖南省人民政府门户网站，2021 年 3 月 25 日，http://www.hunan.gov.cn/hnyw/tt/202103/t20210325_15074352.html。

可以引入澳门方面共同出资，使其成为双方中小企业都能参与的投融资平台。

再如，在与葡语国家及非洲国家的经贸合作中，中方也常常面临汇率波动大、外汇管制严、外汇不足等问题。这些问题要么阻碍了对外贸易投资活动的开展，要么给中方带来较大的风险甚至损失。对于该共性问题，双方可以共同探索中葡和中非易货贸易机制，破解因外汇管制或外汇风险导致大规模经贸活动受限等问题。

此外，在两个平台与会国中，中国仅与巴西和葡萄牙达成了"经认证的经营者"（AEO）互认①，和其他葡语国家、非洲国家②还未打通该通关便利。双方应发挥其在国内外的影响力，共同推进与其他与会国之间的 AEO 互认，为广大进出口企业争取更多便利，提升中国企业境内外通关效率。

五　结语

中葡论坛和中非经贸博览会，作为促进和推动"新南南合作"的国家级和国际化多边平台，有着相通的理念、相似的主题、一致的目标，但又各具特色。两个平台的与会国多有重叠，在合作领域中又高度交叉，在中国政府的引领下，两个平台依托各具优势的地理区位，基于高度相似的经贸合作基础，肩负着促进中国与葡语国家及非洲国家经贸合作的共同使命。

在逆全球化兴起、新冠肺炎疫情流行、世界局势复杂深刻变化的形势下，两个平台通过构建长效和高效的对接联动机制，将互相促进、协同发展，共同破解中国与葡语国家及非洲国家经贸合作面临的障碍，为中国与葡语国家及非洲国家的经贸合作探索新方式、拓展新渠道，为推动中国内

---

① "经认证的经营者"即 Authorized Economic Operator，简称为 AEO。按照国际通行规则，海关对信用状况、守法程度和安全管理程度较好的企业进行认证认可，对于通过认证的企业，给予本国以及互认国家的多项海关便利措施。

② 中国于 2021 年 5 月与乌干达签署中国在非洲首个 AEO 互认安排。

地、中国澳门以及葡语国家和非洲国家开展深入而全面的交流和合作发挥积极作用。这对于中国同包括非洲葡语国家在内的非洲国家，共同打造和落实"双循环"新发展格局、共建"一带一路"和构建人类命运共同体有着重要且深刻的意义。

A.3
中国与葡语国家金融合作的现状与路径分析

魏　敏　齐学阳　丁　浩*

摘　要： 建立中国与葡语国家的金融合作平台，对于进一步加强中国与葡语国家的经贸往来具有重要意义。《粤港澳大湾区发展规划纲要》明确提出支持澳门打造中国与葡语国家金融服务平台，中国与葡语国家可借助该平台深化金融领域合作，进而服务于双方的经贸合作发展。本报告在共建"一带一路"、推进粤港澳大湾区建设的背景下，对中国与葡语国家在金融领域的合作进行回顾，总结双方开展金融合作的现状与存在的障碍，在此基础上提出构建中国与葡语国家金融合作平台的关键路径，以期为中国与葡语国家利用澳门平台深化金融领域合作提供参考。

关键词： 葡语国家　金融合作　金融服务平台　特色金融　绿色金融

　　作为最大发展中国家的中国与拥有超过 2 亿人口的葡语国家建立的良好关系，日益成为国际上不可忽视的一组重要双边关系。澳门回归祖国尤其是中国—葡语国家经贸合作论坛（澳门）（以下简称"中葡论坛"）2003 年

---

* 魏敏，广东科学技术职业学院财会与金融学院讲师；齐学阳，珠海华发城市运营投资控股有限公司业务副总监；丁浩，管理学博士，广东外语外贸大学商学院副院长、副教授、硕士生导师，葡语国家研究所所长。

成立以来，中国与葡语国家在经贸领域交流频繁，双方商品贸易额至 2020
年已连续四年超过千亿美元。在 2020 年新冠肺炎疫情肆虐全球的严峻形势
下，中国与葡语国家的经贸合作经受住了考验，虽然双方贸易额有所下降，
但进入 2021 年已呈现恢复态势。2021 年 1~5 月，中国与葡语国家商品贸
易总额为 714 亿美元，同比增长超过四成。[①]

中国与葡语国家的良好经贸合作基础，为更深层次的金融领域合作提供
了条件，2019 年出台的《粤港澳大湾区发展规划纲要》对澳门发展为中国—
葡语国家金融服务平台（以下简称"中葡金融平台"）进行明确规划，凸显了
中央政府对于澳门建立中国与葡语国家金融合作平台的高度重视。在共建
"一带一路"和粤港澳大湾区建设等国家重大发展机遇下，通过充分发挥澳门
作为中国与葡语国家经贸合作的服务平台功能，不断完善金融合作营商环境，
优化金融合作基建，中葡金融合作平台将为助力中国企业"走出去"和葡语
国家企业"引进来"提供强有力的金融服务支持。

一　中国与葡语国家金融合作的基础条件

（一）中国与葡语国家的政治互信关系稳固

中国与葡语国家的友好关系历久弥坚，这是中国与葡语国家金融合作
顺利展开、不断深化的先决条件。毋庸置疑，政治合作是经济合作与金融
合作的坚强后盾。在国际形势发生深刻复杂变化的形势下，中国政府积极
推动与葡语国家建立新型战略伙伴关系，葡语国家也积极支持响应，并以
多种形式参与到"一带一路"建设中。实践证明，中国与葡语国家是风雨
同舟、患难与共的朋友，也是互惠互利、共同发展的伙伴，[②] 成为携手打造

---

① 龙土有：《国际基建论坛探讨促进中国与葡语国家共建"一带一路"》，中国新闻网，2021
年 7 月 23 日，https://www.chinanews.com.cn/gn/2021/07-23/9526771.shtml。
② 汪洋：《共创中国与葡语国家多赢合作的美好明天——在中葡论坛第四届部长级会议开幕
式上的演讲》，2013 年 11 月 5 日。

不同社会制度、不同发展阶段、不同文化背景国家友好合作的典范。[①]

（二）中国与葡语国家的经贸合作基础扎实

自 2003 年中葡论坛开设以来，中国与葡语国家之间的贸易额持续稳定增长，双向投资发展势头强劲。在中国对国际市场贸易需求提升和对外贸易环境得到改善的背景下，中国与葡语国家经贸合作实现了快速增长。以 2001 年的数据作为对比，中国对世界出口量扩大 10 倍，对葡语国家出口量扩大 23 倍，其中对非洲葡语国家的出口增长尤其迅猛，如对安哥拉、莫桑比克的出口在此期间增长了百余倍。[②]

在经贸政策层面，中国通过免关税、建立"三个中心"（即葡语国家食品集散中心、中葡经贸合作会展中心以及中葡中小企业商贸服务中心）等措施，积极扩大从葡语国家进口。在 2016 年 10 月举行的中葡论坛第五届部长级会议开幕式上，李克强总理宣布中国给予部分葡语国家 97% 的税目零关税优惠政策，鼓励从葡语国家进口更多商品。[③] 这些旨在推进双边贸易与投融资合作的政策，在宏观和微观层面为推进中国与葡语国家金融合作创造了充分条件。

2018 年以来，葡语国家的贸易区建设、基础设施内在需求以及贸易自由流动都在增加。在共建"一带一路"及粤港澳大湾区建设过程中，中国与葡语国家经贸合作迎来新的发展机遇。即使受到新冠肺炎疫情影响，中国与葡语国家的贸易额在 2020 年仍达到 1450 亿美元，表现出中国与葡语国家对对方市场的刚性需求，可以应对世界范围内的挑战，展现出构建中国与葡语国家命运共同体的坚实经贸基础。

---

① 李克强：《在中国–葡语国家经贸合作论坛第五届部长级会议开幕式上的主旨演讲》，2016 年 10 月 11 日。

② 《中国与葡语国家经贸合作日趋多元，发展前景广阔》，人民网，2020 年 05 月 15 日，https：//baijiahao．baidu．com/s？id＝1666721002659053081&wfr＝spider&for＝pc。

③ 李克强：《在中国–葡语国家经贸合作论坛第五届部长级会议开幕式上的主旨演讲》，2016 年 10 月 11 日。

（三）中国与葡语国家的金融合作条件成熟

在投融资政策层面，中葡合作发展基金（以下简称"中葡基金"）自 2013 年设立以来，一直致力于促进中国企业和葡语国家企业间的金融、投资和经贸合作，基金总规模为 10 亿美元。到 2017 年年中，中葡基金已在莫桑比克、安哥拉、巴西等国投资支持了一批项目，带动当地农业现代化建设，以及制造业、能源等领域的产能合作；2019 年 1 月，中国国家开发银行湖北分行与赤道几内亚签署了融资贷款合作协议，国开行将向赤道几内亚提供 2 亿欧元主权授信融资，用于支持赤道几内亚电力基础设施建设。[①] 2020 年 4 月，阿特斯阳光电力集团获得中葡基金提供的 3000 万美元融资，该笔资金将用于开发阿特斯公司在巴西的光伏电站项目。[②] 截至 2020 年年底，中国已与葡萄牙、巴西、佛得角及莫桑比克签署双边投资保护协定，与安哥拉、东帝汶、几内亚比绍签订经济技术合作协定，对葡语国家投资机制不断完善。

2013 年中国提出的"一带一路"倡议，为世界提供了一份共享繁荣的发展方案，也推动中国与葡语国家各领域合作进程加快。在政策沟通层面，中国与葡语国家政府之间的密切沟通得以延续和加强，战略伙伴关系进一步深化；资金方面，中国与各个葡语国家之间的融资渠道更加多样化。巴西、安哥拉等葡语国家已经成为中国企业走出去的重要市场。在全球资金流动性减弱的背景下，中葡基金为葡语国家的经济社会稳定发展提供了一定的资金援助。在 2016 年 10 月举行的中葡论坛第五届部长级会议上，李克强总理宣布了今后三年中国政府为促进与葡语国家合作将要推出的 18 项新举措，包括向中葡论坛亚非葡语国家提供不少于 20 亿元人民币无偿援助，重点用于农业、贸易投资便利化、防治疟疾和传统医药研究等民生

---

① 《中国国家开发银行与赤道几内亚财政部签署主权授信协议》，中国商务部官网，2019 年 1 月 23 日，http://gq.mofcom.gov.cn/article/gzdt/201901/20190102829220.shtml。

② 《阿特斯获中葡合作发展基金 2.12 亿元融资支持》，能源网，2020 年 4 月 3 日，http://www.nengyuancn.com/solar/03555.html。

项目；向论坛亚非葡语国家提供不少于 20 亿元人民币的优惠贷款；向论坛亚非葡语不发达国家免除 5 亿元人民币无息贷款到期债务；鼓励企业在论坛葡语国家新建或升级若干境外经贸合作区等。[①]

二　中国与葡语国家金融合作的现状

澳门回归祖国尤其是 2003 年中葡论坛成立以来，中国与葡语国家之间通过建立银行网络体系、设立中葡合作发展基金、签署双边本币互换协议、签署双边银行合作倡议书等方式，使双方金融合作日趋紧密、合作成果日益丰富、合作形式更趋多样化，这为构建中国与葡语国家金融合作平台奠定了坚实基础。

（一）建立中国与葡语国家银行网络体系

2003 年以来，中国与部分葡语国家相互设立了商业银行分支机构。2004 年，巴西银行在中国上海开设代表处，成为葡语国家在中国开设的第一家银行机构。2014 年，在中国与巴西建交 40 周年之际，巴西银行上海分行正式开业，这也是首家进驻中国的拉丁美洲银行。巴西银行上海分行的成立意义深远，它既能为在中国的巴西企业提供金融服务，又能支持中国企业发展境外业务。

中国的商业银行也在一些葡语国家设立了分支机构。早在 1999 年，中国银行率先在巴西设立代表处，并在 2009 年 3 月成立中国银行（巴西）有限公司，成为首家在葡语国家设立的中资商业银行。此后，中国工商银行、中国农业银行等中资商业银行先后在巴西、安哥拉、葡萄牙等葡语国家设立了分支机构（见表 1）。

---

① 《李克强出席中葡论坛 提供 20 亿无偿援助 20 亿优惠贷款》，中国银行官网，2016 年 10 月 12 日，http://news. hexun. com/2016 – 10 – 12/186371814. html。

表1　中资商业银行在葡语国家开设分支机构情况

银行名称	在当地机构	国家	开设日期
中国银行	中国银行巴西代表处	巴西	1998年3月
	中国银行（巴西）有限公司	巴西	2009年3月
	中国银行罗安达代表处	安哥拉	2012年12月
	中国银行（卢森堡）有限公司	葡萄牙	2013年4月
	中国银行罗安达分行	安哥拉	2017年6月
中国工商银行	中国工商银行（巴西）股份有限公司	巴西	2013年1月
中国建设银行	中国建设银行巴西分行	巴西	2015年12月
交通银行	交通银行巴西子行	巴西	2016年11月
中国农业银行	中国农业银行驻圣保罗代表处	巴西	2018年3月

资料来源：作者根据各中资商业银行网站信息整理。

除了设立分支机构，中国商业银行还通过与葡语国家商业银行建立代理行关系来深度参与中葡经贸合作。2010年11月中国工商银行与葡萄牙商业银行签署《全面合作备忘录》。根据合作备忘录，双方将在跨境人民币业务、贸易融资、现金管理和国际支付、公司贷款和项目融资以及投资银行等多项金融服务领域进一步拓展合作。

作为澳门特区政府重要的金融合作伙伴，中国银行澳门分行长期积极配合特区政府打造"中葡商贸合作服务平台"。迄今为止，中国银行澳门分行已与30多家葡语国家商业银行建立了代理行关系，并开展相关业务合作。未来，中国银行将充分利用澳门的平台优势与葡语国家开展更加紧密的合作，共同打造中葡金融服务平台。

（二）设立中葡合作发展基金

2013年6月，在中葡论坛第三届部长级会议上中方宣布中葡合作发展基金正式成立，基金总规模为10亿美元。[①] 中葡基金设立的目的是支持中

---

① 《中葡合作发展基金正式成立》，国家开发银行官网，2013年6月26日，http://www.cdb.com.cn/xwzx/khdt/201512/t20151214_478.html。

国企业与葡语国家企业开展投资合作，引导中葡论坛成员国企业间的直接投资，提升投资企业总体实力，促进成员国经济发展。中葡基金由国家开发银行和澳门工商业发展基金共同发起，首期1.25亿美元分别由国开金融有限公司及澳门工商业发展基金出资设立，并由中非发展基金进行投资运作和管理。2017年6月，中葡基金总部正式落户澳门，开始为企业在澳门提供咨询及争取项目融资等服务，助力中国与葡语国家企业共同参与"一带一路"建设。目前，中葡基金已在莫桑比克、安哥拉、巴西等国投资支持了一批项目，带动当地农业现代化建设，以及制造业、能源等领域的产能合作。

（三）签署双边本币互换协议

中国与葡语国家签订双边本币互换协议可以缓解贸易融资压力，有效应对短期流动性波动的问题，推动双方贸易与投资往来，在维护地区金融稳定与健康发展方面发挥积极作用。2013年，中国人民银行与巴西中央银行签署了中巴双边本币互换协议，此次互换规模为1900亿元人民币/600亿巴西雷亚尔。[①] 当前除巴西外，中国尚未与其他葡语国家签署双边本币互换协议。推动中国与葡语国家签署双边本币互换协议，将为双边贸易提供极大便利，同时有利于进一步扩大人民币影响力。

（四）建立金融行业协会交流机制

2019年5月，在澳门银行公会的倡议下，澳门银行公会联同葡萄牙银行公会、莫桑比克银行公会、几内亚比绍银行与金融机构公会、圣多美银行协会等，共同签署了《推动澳门与葡语国家商业银行合作倡议书》。商业银行合作将为葡语国家产品进入广阔的中国市场提供更高效的结算与融资服务，帮助中国企业在葡语国家投资提供更好的金融服务方案。

---

① 《中国人民银行与巴西中央银行签署双边本币互换协议》，中国人民银行官网，2013年3月26日，http://www.pbc.gov.cn/goutongjiaoliu/113456/113469/2866422/index.html。

（五）推动保险业开展深入合作

中国与葡语国家保险业的合作在逐步深入。2016 年 10 月 9 日，在中国国务院总理李克强和葡萄牙总理科斯塔的共同见证下，中国保险监督管理委员会主席项俊波与葡萄牙保险和养老金监管局主席阿尔玛萨在北京签署了《中国保险监督管理委员会（CIRC）与葡萄牙保险和养老金监管局（ASF）合作与技术协助协议》（以下简称《协议》）。《协议》包括信息交流、专业培训、技术协助等多方面内容，为中国保险监督管理委员会与葡萄牙保险和养老金监管局全面深化保险监管交流合作奠定了坚实的制度基础，将推动中葡保险领域进入全方位互动交流发展的新阶段。

2019 年年初，中国再保险集团与葡萄牙忠诚保险集团达成签署服务"一带一路"建设商业合作谅解备忘录的意向，此次达成的业务合作将为在葡萄牙、安哥拉、莫桑比克、佛得角等葡语国家的中国海外利益提供风险保障。双方还将在粤港澳大湾区建设中寻找合作机会，为以澳门为平台开拓葡语国家市场提供专业的保险服务。

三 中国与葡语国家金融合作中存在的问题

虽然中国与葡语国家在金融合作方面取得了一定成就，但总体上双方金融合作规模有限，合作层次较低，合作深度有待增强。双方在金融合作方面存在的问题主要体现在合作规模有待扩大、合作层级有待提升、合作潜力有待挖掘等三个方面。

（一）金融合作规模有待扩大

中国与葡语国家的金融合作起步于 1998 年中国银行在巴西设立代表处，这是中资银行在葡语国家设立的首个分支机构。此后直到 2009 年，中国与葡语国家才陆续新增了 6 家银行分支机构。双方在货币互换、人民币清算安排额度、设立中葡基金等方面的合作才逐步提速，双方的金融合作领域得以拓宽，但其规模仍比较有限。

葡语国家在中国的金融分支机构数量明显偏少，目前只有巴西银行在上海设立了分行。而中国的银行在葡语国家也较少，只有 5 家中资国有银行在葡语国家设有分支机构，且集中在 3 个国家。其中，中国银行在 3 个葡语国家设有分支机构，其他银行仅在其中一国设有分支机构。虽然葡语国家与中国的金融合作日益增多，但目前仅巴西与中国签署了双边本币互换协议，其余葡语国家均尚未签署此类协议。

（二）金融合作层级有待提升

从金融合作项目来看，中国与巴西之间互设的银行分支机构最多，且金融合作类型最为丰富，包括本币互换、人民币清算安排以及共同投资基金等。中国与葡萄牙之间的金融合作也较多，例如 2019 年 5 月中国银行协助葡萄牙政府成功发行首期 20 亿元人民币熊猫债，葡萄牙成为首个在中国市场发行熊猫债的欧元区国家。[①] 此外，中国企业还投资入股葡萄牙忠诚保险公司（Fidelidade）、葡萄牙商业银行（BCP）、葡萄牙圣灵投资银行（BE-SI）、葡萄牙 Banif 投资银行（BBI）等，中葡两国之间的金融合作正朝着全方位多层次的方向逐步展开。在与安哥拉的金融合作方面，2012 年中国银行在安哥拉设立代表处，时隔 5 年后在安哥拉正式成立中国银行安哥拉分行，这不仅是中国银行开拓安哥拉金融业务的标志性事件，也为安哥拉金融业发展打开新的局面，将给中安金融合作带来新的机遇。截至 2021 年 1 月，中国金融机构已向安哥拉提供了超过 200 亿美元的贷款。[②] 除了上述 3 个国家，中国与其他葡语国家的金融合作则相对较少。因为各个葡语国家的国情和对外政策存在差异，因此在与中国开展金融合作上所表现出的态度也有所不同。

---

① 《中行协助葡萄牙首发欧元区主权"熊猫债"》，中国银行官网，2019 年 5 月 31 日，https://www.boc.cn/aboutboc/bi1/201905/t20190531_15398321.html.

② 《中国金融机构同意安哥拉减免债务还款》，澳门贸易投资促进局官网，2021 年 1 月 14 日，https://www.ipim.gov.mo/zh-hans/? p = 314063。

此外，从中国与葡语国家的金融合作项目类型来看，互设银行分支机构、设立中葡基金、本币互换以及签署双边银行合作倡议书等都属于基本层级的合作，双方在货币合作、金融创新以及金融监管等高层级合作有待进一步开发。

（三）金融合作潜力有待挖掘

澳门特别行政区与葡语国家联系紧密，拥有广泛的国际市场网络，澳门特别行政区作为连接中国与葡语国家金融合作的平台具有天然的优势。《粤港澳大湾区发展规划纲要》也凸显了澳门特别行政区作为建设中国—葡语国家金融服务平台的重要性。中央对澳门金融发展的定位赋予了四大任务：一是以葡语国家为切入点，打造巴西—拉丁美洲、葡萄牙—欧盟、安哥拉和莫桑比克—非洲三条路径，为助推人民币国际化网络搭建更多关键支点；二是服务粤港澳大湾区的发展战略，尤其是满足高新技术、高成长性企业上市和融资的需要；三是支持澳门发展特色金融产业，据此帮助澳门真正实现经济适度多元发展；四是降低重点依靠香港作为外资直接投资中国和中国对外直接投资的窗口风险，进一步扩大离岸人民币资金池规模。然而，目前澳门特别行政区与葡语国家之间的合作仍处于初级阶段，葡语国家人民币清算中心、葡语国家投融资平台等仍在建设过程中，澳门尚没有充分发挥金融服务平台的巨大潜力。

四 中国与葡语国家金融合作平台构建的路径探索

（一）强化金融对经贸合作的服务

以"一带一路"倡议纵深发展为契机，着力于构建金融合作机制与合作模式，积极推进中国金融机构依托实体经济沿供应链向葡语国家拓展，探索开展跨境抵押品融资、跨境担保、跨境资产转让等业务合作，进一步扩大跨境金融区块链服务平台试点范围。在授信融资、代理资金交易等领域开展深层次合作，着力加强粤港澳大湾区跨境金融基础设施建设，推动跨境人民币清算支付系统建设；支持金融机构和企业以收购、兼并方式进入葡语国家金融市场。从政府、民间双渠道推动中国对葡语国家的经济贸易金融战略，积极推进机械制造、纺织服装、建筑材料、电子信息、医药化工等行业的品牌企业走出去。设立专项基金支持中小企业赴葡语国家从事贸易投资，采取切实有效措施推动商业银行对核心企业的全程供应链服务。

（二）加大对葡语国家的资本输出

进一步完善中葡基金运行机制，以澳门的中葡平台为基地，构建政策安排、投资指引、投资信息共享的一条龙服务机制，鼓励中国的金融机构依托经贸发展和资源投资向葡语国家拓展，不断建立和完善中国与葡语国家金融机构合作的网络化布局。以大型项目的金融合作推进中葡金融资本融合，支持中国的银行在宏观审慎框架下，向葡语国家的机构或项目发放跨境贷款，支持葡语国家的银行在中国的分支机构为中国企业建设提供贷款服务。推进资本通过贸易、投资和金融业务流入到葡语国家，间接实现中国金融资本走向葡语国家。例如2019年，由中拉合作基金参与投资的巴西圣芒水电站项目进展顺利，该项目的实施为中国与巴西两国清洁能源合作起到良好的示范作用。又如，安哥拉基建需求旺盛，资金缺口大，中资银行可加强与安哥拉当地龙头企业合作，发挥产融结合优势，进一步推动中安经贸合作。

（三）推动离岸人民币平台的搭建

中国在与葡语国家开展金融合作的过程中，应逐步推动货币互换和跨境人民币结算，不断丰富人民币投资产品，深化双边金融合作。在"一带一路"框架下，利用澳门作为金融合作平台积极推动双边贸易中使用人民币计价结算，推动人民币的使用频率和结算比率。其次，充分利用横琴粤澳深度合作区（以下简称"深合区"）的特殊地理优势与政策支持，为离岸人民币提供多元的投资渠道，在深合区内探索跨境资本自由流入流出和推进资本项目可兑换。借助香港金融市场特别是离岸人民币市场作用的同时，实现与香港金融市场的错位发展，扩大澳门和深合区的离岸人民币规模，增强对葡语国家的辐射。最后，以构建中国与葡语国家双边货币合作机制为基础，巩固原有的双边本币互换等相关协议，继续提升外汇储备库的规模及运作效率，借助葡语国家能源、金融跨国合作推动人民币国际化。

（四）创新与葡语国家的金融合作模式

葡语国家因地理位置、自然资源、人文习俗不同，各国在政治环境、营商环境、金融体系等方面也存在差异，这些差异也影响着中国与各葡语国家金融合作的成效。我们应该"量身定制"并不断完善与不同葡语国家的经贸合作金融服务体系，使得中国与葡语国家金融合作模式多样化。大力支持国有金融机构参与葡语国家本土金融机构的并购和重组，加速其与葡语国家的金融合作进程。通过共建"一带一路"，充分利用中国加大海外投资和中资企业海外发展的机遇，实现中国与葡语国家双赢互惠发展。

为深化中国与葡语国家的金融合作，中国与葡语国家政府和金融监管机构应加强沟通，致力于建构长效对话机制，充分利用澳门中葡论坛平台，协助葡语国家制定贸易投资便利化措施，为中资金融机构在葡语国家拓展业务提供更多的政策支持，大力支持国有和民营金融机构在葡语国家设立分支机构。加快中资金融机构走入葡语国家有赖于监管层面的政策支持，中国金融监管机构应该不断完善监管政策，为中资金融加速"走出去"步伐创造良好条件。大力支持中国金融机构参与葡语国家本土金融机构的并购与重组，早期中资银行主要采用新建方式进行投资，首先设立代表处，然后增加分行。2015年5月交通银行收购巴西BBM银行约80%的股份，巴西BBM银行成为其控股子行，交通银行成功以并购方式进入葡语国家的金融市场。

（五）支持澳门绿色金融的发展

澳门具备"一国两制"的制度优势，没有外汇管制，资金进出自由，具有发展绿色金融的良好条件。2019年2月，国家发展和改革委员会与澳门特别行政区政府签署《国家发展和改革委员会与澳门特别行政区政府关于支持澳门全面参与和助力"一带一路"建设的安排》，支持澳门研究建设绿色金融平台。2021年9月，中国人民银行广州分行通过组织广东绿金委、深圳绿金委、香港绿色金融协会、澳门银行公会共同发起设立粤港澳大湾区绿色金融联盟，搭建起大湾区绿色金融业界的业务沟通、信息共享平台，并且依托这一平台深化粤澳在绿色金融标准领域的合作与交流，共同制定了绿色供应链金融服务、碳排放权抵质押融资等规范，研究探索绿色信贷资产跨境人民币转让、绿色资产跨境抵质押融资、碳市场建设等重点领域工作。

五　结语

纵观中国与葡语国家金融合作的现状，可以发现，目前双方金融合作规模较小；与各葡语国家的金融合作水平参差不齐，合作层次不高；澳门作为沟通平台所发挥的作用有限。葡语国家政治环境、经济环境和文化背景的差异，对中国与其开展金融合作的稳定性产生了影响，在一定程度上限制了双方金融合作的领域和空间，而中国与葡语国家的经济文化观念差异也不利于深层次的合作。

"一带一路"倡议的推进、《粤港澳大湾区发展规划纲要》的提出以及横琴粤澳深度合作区的设立，为中国与葡语国家金融合作提供了新的机遇。需要根据各葡语国家的具体情况，以共建"一带一路"作为契机，抓住各葡语国家的发展机遇，依托实体经济供应链向葡语国家拓展，探索开展跨境抵押品融资、跨境担保、跨境资产转让等业务合作。推进资本通过贸易、投资等方式流入到葡语国家，间接实现中国金融资本走向葡语国家。加强中国与葡语国家政府和金融监管机构之间的沟通，鼓励中资金融机构以并购、重组的形式开展与葡语国家的金融合作。充分利用澳门的制度、社会、经济和区位优势，以及横琴粤澳深度合作区的政策优势，积极对接葡语国家发展特色金融、绿色金融等现代金融业务，推动人民币国际化和离岸人民币平台的搭建，推动与葡语国家金融机构的良性互动，稳步提升中国与葡语国家的金融合作水平。

A.4
中国与安哥拉经贸合作
现状与前景分析

刘成昆 李敬阳*

摘 要: 安哥拉是中国的战略合作伙伴,这种战略合作伙伴关系促使双方经贸联系日趋紧密,经贸合作的广度、深度正在不断拓展。本报告基于 2019~2020 年中国与安哥拉在贸易、投资等领域的年度数据,分析了双方经贸合作的现状和特点,并指出中国与安哥拉在经贸合作中所面临的现实问题和挑战。展望未来,两国要加强政治互信、进一步深化贸易合作、完善基础设施建设、努力改善营商环境、充分挖掘市场需求、高度重视新兴领域发展,以更好推动中国与安哥拉两国经贸合作向全方位、多层次、宽领域发展。

关键词: 中国 安哥拉 经贸合作 营商环境

安哥拉拥有着丰富的石油、天然气和矿产资源,具有较高的经济发展潜力,是中国对葡语国家投资的主要目的地之一。虽然安哥拉高度依赖国际油气市场,宏观经济较为脆弱,营商环境有待优化,但是中安双方合作整体进展良好。中安自 1983 年建交以来,在两国政府和企业的共同努力下,双边经贸合作长足发展,已涉及能源、基础设施、金融、工业生产等各领

---

* 刘成昆,澳门科技大学可持续发展研究所所长、商学院教授;李敬阳,澳门科技大学可持续发展研究所博士研究生。

域。2018 年 9 月中非合作论坛北京峰会期间，中安签署共建"一带一路"合作文件。2020 年安哥拉成为中国在非洲的第三大贸易伙伴，是中国原油的重要进口来源地之一。

在当前国际局势深刻复杂的背景下观察中安两国关系，可以看到，随着"一带一路"倡议的推进和中国"走出去"战略的实施，两国政府推动中安经贸合作的基础不断筑牢、力度逐步加大、领域日益拓宽。本报告从两国经贸合作机制、双边贸易情况、直接投资、中国对安承包工程与劳务合作这些方面剖析中安两国经贸合作的现状，探寻中国与安哥拉在经贸合作中所面临的现实问题和挑战，并提出相应对策建议，以期为两国未来的经贸合作发展提供参考。

一　中国与安哥拉经贸合作的现状

中国与安哥拉于 2010 年建立战略伙伴关系以来，双方在高层交流、经济合作、贸易往来、企业投资等诸多方面交流频繁。2020 年，中安经贸合作机制日益完善，受新冠肺炎疫情和国际油价下跌的双重影响，中国与安哥拉双边贸易额为 162.61 亿美元，同比下降 35.89%，中国对安哥拉投资有所波动，但趋势向上。安哥拉是中国重要的对外承包工程市场和劳务合作伙伴。

（一）中安经贸合作机制日益完善

中安两国于 1983 年 1 月 12 日建交，1984 年两国政府签订贸易协定。1988 年 10 月中安建立经贸联委会机制，并分别于 1989 年 12 月在北京、2001 年在罗安达、2007 年在北京、2009 年在罗安达、2015 年在北京、2019 年在罗安达召开了 6 次会议。

2010 年 11 月 20 日，中国和安哥拉在罗安达发表《中华人民共和国和安哥拉共和国关于建立战略伙伴关系的联合声明》。2011 年 5 月，中国商务部与安哥拉外交部签署《中华人民共和国政府和安哥拉共和国政府关于在劳务领域的合作协定》。2014 年 12 月，中安两国政府签署了关于中国政府给予安哥拉 97% 输华产品免关税的换文，自 2015 年起，原产于安哥拉的

97%的输华产品将享受零关税待遇。

2015 年 4 月，中安经贸合作指导委员会成立并召开了首次会议。2016 年 6 月 13～17 日，中国商务部钱克明副部长与安哥拉外交部合作国务秘书布拉干萨在北京共同主持召开中安经贸合作指导委员会第二次会议筹备会。2018 年中非合作论坛北京峰会通过了《中非合作论坛—北京行动计划（2019～2021 年）》，成为包括非洲葡语国家在内的非洲国家与中国合作的重要纲领，峰会期间，习近平主席会见了安哥拉、佛得角等 5 个非洲葡语国家的领导人。2019 年 5 月，商务部西亚非洲司工作组到安哥拉就联委会召开与安方主管部门进行商谈。2019 年 11 月，中安经贸联委会第六次会议在罗安达召开。

（二）中安双边贸易情况

中国政府和企业积极参与安哥拉战后重建，双边经贸合作发展迅速。2020 年，安哥拉成为中国在非洲的第三大贸易伙伴，安哥拉是中国第五大原油进口来源国，排在沙特阿拉伯、俄罗斯、伊拉克、巴西之后。根据中国海关总署统计，2019 年，安哥拉是中国第四大原油供应国，中国从安哥拉进口原油达 4736.85 万吨。2020 年受新冠疫情和国际油价下跌的双重影响，中国从安哥拉进口原油为 4178.59 万吨，同比下降了 11.79%。

据中国海关总署资料，2020 年中国与葡语国家进出口商品总值 1451.85 亿美元，同比下降 2.98%，其中，中国与安哥拉双边贸易额 162.61 亿美元（占中国与葡语国家双边贸易总额的 11.20%），同比下降 35.89%；中国对安哥拉出口 17.48 亿美元，同比下降 15.05%；中国从安哥拉进口 145.13 亿美元，同比下降 37.73%（见表 1）。

表 1　2015～2020 年中国与安哥拉贸易统计

单位：亿美元，%

年份	进出口		中国出口		中国进口	
	金额	增幅	金额	增幅	金额	增幅
2015	197.05	-46.82	37.22	-37.75	159.83	-48.56

续表

年份	进出口		中国出口		中国进口	
	金额	增幅	金额	增幅	金额	增幅
2016	155.80	−20.94	17.61	−52.69	138.19	−13.54
2017	223.45	43.42	22.97	30.45	200.48	45.08
2018	277.55	24.21	22.35	−2.70	255.20	27.29
2019	253.66	−8.61	20.58	−7.95	233.08	−8.67
2020	162.61	−35.89	17.48	−15.05	145.13	−37.73

资料来源：中国海关总署统计数据。

（三）中国对安投资有所波动

得益于中国与安哥拉于 2010 年刚刚建立战略伙伴关系，2011～2012年，中国对安哥拉的投资处于快速增长期，2012 年投资流量达 3.92 亿美元。从 2013 年开始，由于安哥拉总体局势不稳定，中国对其投资流量急剧下降，2013 年，中国对安哥拉投资流量为 2.24 亿美元，比 2012 年减少了 1.68 亿美元。2014 年，中国对安哥拉的投资为 −4.49 亿美元。2015～2017年，中国对安哥拉投资流量总体呈增长趋势，2017 年投资流量高达 6.38 亿美元。从 2018 年开始，由于中国在葡语国家的主要投资国安哥拉深受国际油价影响，经济衰退，中国对安哥拉的投资流量快速下降，2018 年，中国对安哥拉投资流量为 2.70 亿美元，相比 2017 年减少了 3.68 亿美元。但在 2019 年出现回升态势，对安哥拉直接投资流量为 3.83 亿美元，同比增加 41.85%（见图 1）。

从存量上看，中国对葡语国家投资主要流向巴西、莫桑比克和安哥拉这三个国家。自 2014 年以来，中国对安哥拉投资存量一直保持稳步增长（见图 2），截至 2019 年年底，中国对安哥拉的投资存量已经达到 28.90 亿美元。其中，安哥拉位居葡语国家第二位，占中国对葡语国家直接投资存量的 33.45%。

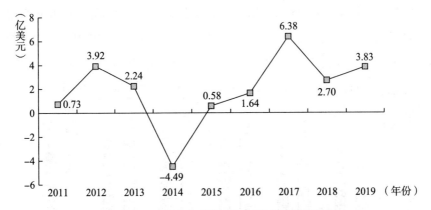

图 1　2011~2019 年中国对安哥拉投资流量变化

资料来源：商务部、国家统计局、国家外汇管理局：《2019 年度中国对外直接投资统计公报》。

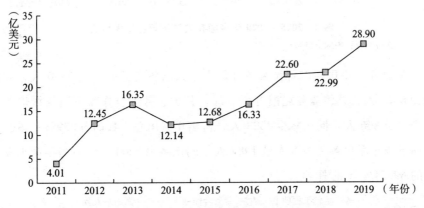

图 2　2011~2019 年中国对安哥拉投资存量变化

资料来源：商务部、国家统计局、国家外汇管理局：《2019 年度中国对外直接投资统计公报》。

（四）中国对安承包工程与劳务合作情况

据中国商务部统计，2019 年，中国在安哥拉新签承包工程合同 39 份，新签合同额 8.09 亿美元，完成营业额 28.66 亿美元。签署的大型承包工程项目包括中国水电建设集团国际工程有限公司承建安哥拉库内内省抗旱工程标段 5－71 号恩度大坝建设项目；中铁四局集团有限公司承建 CABOLOMBO 配水中心覆盖区域入户官网铺设项目；中国水电建设集团国际工程有限公司承建安哥拉库内内省抗旱工程标段 1 - 库内内河取水设施建设项目等。2020 年中国企业在安哥拉新签承包工程合同额 11.10 亿美元，同比增长 37.26%，完成营业额 8.92 亿美元，同比下降 68.86%，累计完成营业额 660.81 亿美元（见图 3）。

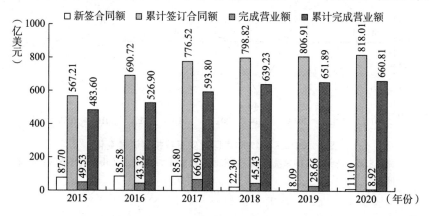

图 3　2015～2020 年中国在安哥拉承包工程情况
资料来源：中国商务部。

2019 年，中国对安哥拉劳务合作当年派出各类劳务人员 2850 人，同比减少 6527 人，总体业务规模有所下降。其中，劳务合作项下当年派出各类劳务人员 866 人，同比减少 4323 人，占当年派出总人数的 30.39%；承包工程项下当年派出各类劳务人员 1984 人，同比减少 2204 人，占当年派出总人数的 69.61%（见图 4）。

图 4　2015～2019 年对安哥拉劳务合作派出劳务人员情况
资料来源：《中国统计年鉴》。

2019 年年末，中国在安哥拉各类劳务人员 22868 人，同比减少 4354 人。其中，劳务合作项下期末在安哥拉各类劳务人员 12143 人，同比减少 182 人，占期末在安哥拉总人数的 53.10%；承包工程项下期末在安哥拉各类劳务人员 10725 人，同比减少 4172 人，占期末在安哥拉总人数的 46.90%，连续四年持续下降。整体来看，安哥拉以接收承包工程项下劳务人员为主（见图 5）。

图 5　2015~2019 年对安哥拉劳务合作期末劳务人员情况
资料来源：《中国统计年鉴》。

二　中国与安哥拉经贸合作的基本特征

中国与安哥拉的经贸合作呈现以下特点：自 20 世纪 90 年代以来，能源合作一直是中安两国经贸合作的重要领域。当前，中国与安哥拉经贸合作领域日趋多元化，合作已涉及经济社会生活的各个方面。受新冠肺炎疫情和国际油价下跌等影响，安哥拉宏观经济环境仍处于低迷阶段。

（一）能源合作是中安经贸合作的重要领域

中国与安哥拉能源合作始于 20 世纪 90 年代初。当时中国的石油需求快速增长，从净出口国转变为净进口国，安哥拉开始对华出口。中国作为全球最大的发展中国家和新兴经济体，是最重要的石油市场之一；安哥拉是非洲主要的产油国，所产原油主要用于出口，中安两国的石油贸易具备天然的互补性。安哥拉在 2002 年内战结束后，通过出口石油获得重建资金，贷款需求拉动了石油出口。开创了两国合作的"安哥拉模式"，即安哥拉以石油资源换取中国贷款用于基础设施建设的合作模式。该模式推动了安哥拉战后经济快速发展，成为中非合作互利共赢的典范。中石化是目前在安哥拉工矿业领域投资经营的世界主要石油公司之一。

（二）中国与安哥拉经贸合作日趋多元化

"一带一路"为中安经贸合作开启了新篇章，两国建立了重要而广泛的关系，合作已涉及经济社会生活的各个方面。石油和钻石开采是安哥拉国民经济的支柱产业，在中国政府的资金支持和帮助下，安哥拉政府开始发展公路、铁路、海港、电厂等可持续基础设施，中国企业也向安哥拉提供了大量人力和技术等支持。由于安哥拉是发展中国家，在经济投资方面的需求是非常多元的。安哥拉有着不同的气候、景观、文化和动植物种类，这使该国成为从事各种休闲活动、爱好和冒险的潜在旅游目的地。各种纪念碑和历史遗迹无不记录着安哥拉走向民族独立的历史和文化。近年来，安哥拉旅游业发展迅速，建立了许多国家公园和保护区，还与赞比亚、津巴布韦、博茨瓦纳和纳米比亚建立了跨境自然环境保护区。文化旅游合作也是中安两国合作的重要组成部分。

（三）安哥拉宏观经济环境仍处于低迷阶段

GDP 的下降，往往会直接减弱外商的投资意愿。2020 年安哥拉的 GDP 仅为 558.9 亿美元，人均 GDP 为 2656 美元，经济增长率连续五年为负值（见表 2）。2020 年 4 月 G20 发起暂缓最贫穷国家债务偿付倡议（DSSI）以来，安哥拉已向其主要债权人提出缓债申请。

表 2 2015~2020 年安哥拉宏观经济数据

年份	GDP（亿美元）	GDP 增长率（%）	人均 GDP（美元）
2015	1161.9	0.9	4350
2016	1011.2	-2.6	3680
2017	1221.2	-0.2	4300
2018	1073.2	-1.7	3670
2019	894.2	-0.9	2970
2020	558.9	-4.7	2656

资料来源：国际货币基金组织。

三 中国与安哥拉经贸合作面临的主要问题

安哥拉是南部非洲地区大国和重要资源富集国，是中国在非洲最大原油供应国和中国在海外的最大工程承包市场之一。尽管中安经贸合作发展势头良好，但发展过程中也存在一些困难和挑战。既有世界经济发展普遍面临的贸易保护主义、逆全球化趋势增强、科技创新发展等问题，也有中国与安哥拉的异质性造成的，如中安经贸发展不平衡、贸易结构不合理等。

（一）中安经贸发展不均衡

长期以来，中国与安哥拉的经贸合作一直存在着较大的贸易逆差，即进口额大于出口额，中安经贸之间存在着"贸易结构不平衡"（见表1）。究其根源，原因如下：其一，中国对安哥拉绝大多数商品实行零关税待遇，进而提高了安哥拉对中国出口的积极性；其二，安哥拉拥有丰富的石油和天然气资源，这些资源正是中国短期急需的。由于中国与安哥拉国家现阶段的贸易在广度和深度上都比较有限，尚且缺乏产业体系内的贸易往来。当前，中国对安哥拉出口商品主要类别包括汽车及零配件、家具及家具产品、机电产品等。中国从安哥拉进口商品主要为原油，其他类别包括：矿物燃料、矿物油及其产品、沥青等；盐、硫黄、土及石料、石灰及水泥等；木及木制品、木炭；矿物材料的制品；电机、电气、音像设备及其零附件。

（二）安哥拉营商环境有待改善

内战结束后，安哥拉政府开始大力投入基础设施建设，取得了一些成果，但尚未全面改善。根据世界银行发布的《2018 年物流绩效指数报告》，2018 年安哥拉物流绩效指数（LPI）在 160 个国家中排名第 159 位，物流质量和能力相对较差，投资竞争优势不明显。《"一带一路"国家基础设施发展指数报告》显示，2020 年安哥拉基础设施发展指数排名才止跌回升，"一带一路"国家基础设施发展指数被誉为"一带一路"基础设施合作的"晴雨表"（见表 3）。良好的营商环境是一个国家或地区经济软实力的重要体现，世界银行《2020 年营商环境报告》显示，安哥拉在全球 190 个经济体中营商环境排名列第 177 名。

表 3 2019 ～ 2021 年安哥拉基础设施发展指数及变化情况

年份	指数	指数排名	排名变化
2019	107	46	↓ 30
2020	104	37	↑ 9
2021	109	33	↑ 4

资料来源：中国对外承包工程商会，中国信保国家风险数据库。

（三）中国对安承包工程与劳务合作面临挑战

从中国国家承包商在安发展状况来看，从 2018 年起，每年的新签合同额急剧减少，2019 年仅为 8.09 亿美元，同比减少 14.21 亿美元。2019 年完成营业额 28.66 亿美元，还不到 2017 年度完成营业额的 1/2。一方面，由于安哥拉经济结构相对单一，很容易受到国际社会的外部冲击，经济连续衰退；另一方面，语言沟通交流不畅以及中安双方在雇员问题上存在利益分歧，致使中国对安哥拉承包工程合作相对减少。

从劳务合作发展方面来看，近年来受安哥拉工程项目资金短缺，境外项目本地用工增多，加之越南、柬埔寨、菲律宾等东南亚国家廉价劳动力的冲击以及国内劳动力工资不断上涨等因素的影响，自 2018 年以来，中国外派劳务人员降幅明显。

四　中国与安哥拉经贸合作的前景与策略

自 2010 年以来，中国与安哥拉的经贸合作发展迎来新的发展机遇。一方面，安哥拉是发展中国家，为加快推动工业化和现代化进程，在经济投资方面的需求是非常多元的，高度重视对外贸易。另一方面，在"一带一路"倡议下，中葡论坛的设立为中国与安哥拉国家搭建了互信交流的良好平台。现代服务业、科学技术是产业升级、创新发展和功能提升的重要引擎，将会成为中安两国经贸合作新的增长点。

（一）加强政治互信，推动务实合作，谱写中安友好新篇章

自中安建立战略伙伴关系以来，双方坚持相互尊重、合作共赢，携手走出了一条独具特色的共同发展之路。在"一带一路"倡议下，中葡论坛的设立为中国与安哥拉国家搭建了互信交流的平台，中国与安哥拉合作领域不断扩大，涵盖政府间合作、经济贸易合作、能源合作与基础设施合作等各方面。现阶段，中国正在通过加快经济转型升级、推进供给侧结构性改革，而安哥拉在经济投资方面的需求是非常多元的。双方在农业、渔业、矿业、旅游业等多个领域都极具合作潜力。在此背景下，中国和安哥拉国家继续加强高层交流，遵循尊重、互信、互利、合作共赢的原则，进一步增强政治互信，推动双方经贸领域合作向更大规模、更宽领域、更多层次、更高水平发展。

（二）着力解决贸易不平衡问题，进一步深化贸易合作

实现各种贸易方式平衡发展，不断拓展贸易新业态，需要稳步提升中国在全球价值链的地位。首先，平衡进口与出口，吸纳安哥拉优质要素资源，积极扩大安哥拉优质消费品进口；支持跨境电子商务发展，鼓励企业

通过规范的海外仓等模式与安哥拉共享市场机遇，实现互利共赢；其次，"走出去"与"引进来"相结合，鼓励有条件的企业通过并购等途径，引进或投资研发、设计、影响、品牌等优质资源，为这些企业提供贷款、换汇等方面的便利，增强整合国内外市场、上下游产业的能力。

（三）加强基础设施建设，助推中安经贸合作可持续发展

改革开放以来，中国基础设施建设取得了举世瞩目的成就，一些领域处于世界领先水平，在国际市场上拥有明显的技术与成本优势。基础设施建设一直是中安经贸合作的重要领域。自中国与安哥拉于 2010 年建立战略伙伴关系以来，中国在安哥拉已成功地完成了几个关键的基础设施项目，这些基础设施项目帮助改善了安哥拉人民的生活水平。当前，安哥拉正将电力方面的基础设施建设作为基础设施发展规划的一项重要内容。随着安哥拉国家基础设施建设的不断改善，中安双方的经贸合作将进入可持续发展轨道。

（四）努力改善营商环境，为高水平扩大开放提供有力支撑

安哥拉是一个经济潜力相当高的非洲国家，石油、天然气和矿产资源丰富，水力、农牧渔业资源也相当丰富。拥有较大的投资市场，但总体营商环境仍有改善空间。主要体现在医疗卫生条件及交通通信状况不佳、社会治安和流行疾病问题突出、外汇和物资供应不足、物价偏高等方面，这些无疑是所有赴安哥拉投资的企业都必须面对的。安哥拉政府也在努力改善营商环境以推进双方经贸合作，世界银行的《2020 年营商环境报告》显示，安哥拉近期在登记财产、获得电力和跨境贸易方面，分值都有所提升。

（五）高度重视新兴领域发展，为实现经济高质量发展注入新动力

现代服务业、科学技术是产业升级、创新发展和功能提升的重要引擎。中国在载人航天、高速铁路、油气田、核电、超级水稻等科技领域的技术日益成熟。中国 5G 技术更是处于世界领先水平，电子支付、物联网等互联

网技术不断发展。伴随着网信产业的全球化发展，智能手机的普及和应用，网络基础设施建设、第三方支付及移动支付技术等在安哥拉国家将有更广阔的应用前景，值得双方挖掘其更大潜力。

五　结语

"一带一路"倡议的推进和中葡论坛的发展为中国与安哥拉国家的经贸合作拓展了空间，将不断推进中安两国经贸合作迈向新的发展阶段。目前，中国对外投资处于深化期，中国与安哥拉经贸合作发展使得中国在复杂多变的国际环境中以发展应万变；从安哥拉的角度来讲，与中国的经贸合作可以提高自身的基础设施水平，获得更多的人力和技术支持，从而为推动工业化和现代化发展提供有力支撑，与此同时，对于稳定国内市场，提供大量就业与教育机会，改善安哥拉人民的生活水平等方面有着积极影响。为更好推动中国与安哥拉两国经贸合作向全方位、多层次、宽领域发展，中安两国要进一步优化贸易结构、充分挖掘市场潜力、全面提升创新能力，精准施策来补足中安经贸发展的短板。

A.5
横琴粤澳深度合作区在中国与葡语国家
经贸合作中的作用分析

丁相中 叶颖琼*

摘 要： 横琴粤澳深度合作区的设立与建设为深化粤澳合作，促进澳门
融入国家发展大局提供了新的机遇，充分发挥澳门在服务中国
与葡语国家合作中的平台优势，是横琴粤澳深度合作区建设的
一个重要抓手。本报告首先介绍了横琴在促进中国与葡语国家
合作中的现状，然后总结了横琴在其中所发挥的独特作用，最
后结合《横琴粤澳深度合作区建设总体方案》的要求，并在梳
理相关问题的基础上，从跨境合作、葡语国家市场拓展、加强中
国与葡语国家文化交流、人才储备等方面，对横琴粤澳深度合作
区在促进中国与葡语国家合作中作用的进一步发挥提出建议。

关键词： 横琴粤澳深度合作区 葡语国家 《横琴方案》 粤港澳
大湾区

澳门作为粤港澳大湾区四个中心城市之一和服务中国与葡语国家合作
的平台，在建设发展过程中日益受到土地狭小和产业单一的限制，这一定
程度上限制了其向纵深层次的发展。中央政府从战略层面上审视这一问题，
将横琴作为破局的关键。2009 年，《横琴总体发展规划》中提出"把横琴建

---

* 丁相中，澳门科技大学商学院应用经济学硕士研究生；叶颖琼，拱北海关隶属港珠澳大桥
海关监管四科科长。

设成为服务港澳的紧密合作示范区",明确"以合作、创新和服务为主题,充分发挥横琴地处粤港澳结合部的优势,推进与港澳紧密合作、融合发展,逐步把横琴建设成为……'一国两制'下探索粤港澳合作新模式的示范区"。《粤港澳大湾区发展规划纲要》也明确"支持横琴搭建内地与'一带一路'相关国家和地区的国际贸易通道,推动跨境交付……服务贸易模式创新。支持横琴为澳门发展跨境电商产业提供支撑,推动葡语国家产品经澳门更加便捷进入内地市场"。2021年9月发布的《横琴粤澳深度合作区总体方案》(以下简称《横琴方案》),指出横琴要发展促进澳门经济适度多元的新产业,"建设中葡国际贸易中心和数字贸易国际枢纽港,推动传统贸易数字化转型;充分发挥澳门对接葡语国家的窗口作用,支持合作区打造中国—葡语国家金融服务平台"。

《横琴方案》充分体现了国家对推动澳门融入国家发展大局所做的努力,在横琴粤澳深度合作区(以下简称"深合区")建设中应当充分利用好国家政策和澳门"一中心、一平台、一基地"的优势,尤其是通过粤港澳大湾区跨境合作做好中国与葡语国家深度合作这篇大文章,从而为粤澳在深度合作中的共同发展和中国与葡语国家的深度合作贡献横琴力量。本报告从深合区的发展现状、发展过程中存在的问题和解决措施等方面对深合区在促进中国与葡语国家合作中的作用进行分析。

一 横琴在促进中国与葡语国家合作中的现状

(一)制定政策制度,建立组织机构

为更好地促进中国与葡语国家的合作与发展,搭建起高效的平台,国家先后研究制定相关政策制度,为中国与葡语国家合作平台的建设提供政策支持。2009年公布的《横琴总体发展规划》将横琴定位为促进澳门经济适度多元发展、带动珠三角、服务港澳的粤港澳紧密合作示范区。为拓展澳门的产业发展和教育科研空间,促进澳门"一平台"建设,横琴积极推

动中医药科研中心和澳门大学横琴校区的建设。经过十余年的发展，横琴实体经济稳步发展，与澳门一体化发展联系更加紧密，粤港澳紧密合作示范区初具雏形。2019 年印发的《粤港澳大湾区发展规划纲要》将澳门定位为湾区四个中心城市之一，明确了横琴在促进澳门经济适度多元发展和"一中心、一平台、一基地"建设中的作用。2021 年发布的《横琴粤澳深度合作区建设总体方案》提出在新时代进一步开发建设横琴的总体要求，并就跨境金融、贸易转型、新业态、新模式方面给出努力方向。

在组织机构设置方面，为了保障《横琴总体发展规划》的有效实施，2009 年成立珠海市横琴粤澳深度合作区管理委员会，下设 12 个工作机构。其中，澳门事务局负责组织落实粤澳、珠澳合作协议；组织实施与澳门合作相关的产业发展专项规划和投资项目跟踪服务，与澳门建立全面深入的沟通联络机制；负责对外交流合作，促进与澳门社会事务合作。[1] 2021 年，由粤澳双方联合组建成立横琴粤澳深度合作区管理委员会，下设执行委员会和秘书处（与执行委员会合署办公），对合作区进行分区分类施策管理。根据《横琴方案》，深合区划线分区管理，强有力的组织使得在其中开展与葡语国家的合作业务具备高规格，同时又涵盖多领域多层次。

（二）探索新业态模式，建立中医药园区

为了探索粤澳合作的新业态，横琴通过发展两地健康产业新模式的探索，结合自身毗邻港澳以及高校环绕的优势，将中医药科技产业园作为新业态开发重点，并于 2011 年建立粤澳合作中医药科技产业园。粤澳合作中医药科技产业园作为《粤澳合作框架协议》的首个落地项目，由澳门和横琴共同组建公司进行开发建设与运营管理，将发展中医药作为促进澳门经济适度多元的新产业方向。2015 年粤澳合作中医药科技产业园国际交流合作中心设立，通过发挥澳门中葡合作平台的作用，以葡语国家为切入点，

---

[1] 《横琴新区澳门事务局主要职责》，珠海横琴新区澳门事务局官网，2021 年 3 月 9 日，ht-tp://www.hengqin.gov.cn/zhhqamsw/gkmlpt/content/2/2738/mpost_2738669.html#2204。

开展国际注册、进出口贸易、人才培训等业务，结合"以医带药"的国际化推广模式，以点带面，不断拓展与葡语国家周边国家和地区的合作关系，搭建连接东盟、非洲、欧盟的商贸对接模式和市场网络。

截至 2020 年，粤澳合作中医药科技产业园已注册企业达到 186 家，其中通过产业园平台培育的澳门企业 44 家，占注册企业的 23.66%。粤澳合作中医药科技产业园前期发展中心已投入使用，6 家企业的 9 款产品已在莫桑比克成功注册，并与莫桑比克卫生部、葡萄牙食畜总局、葡萄牙食品补充剂协会等葡语国家医药卫生机构建立合作关系，① 拓展了中国与葡语国家之间的中医药产业市场。

（三）加强中葡金融合作，构建金融服务平台

为加强中国与葡语国家之间的金融合作，促进双方共同发展，在中央政府的大力支持下，中国人民银行、银保监会、证监会及国家外汇管理局于 2020 年 5 月共同发布了《关于金融支持粤港澳大湾区建设的意见》，提出打造中国—葡语国家金融服务平台和建设葡语国家人民币清算中心。为了推动金融服务平台和人民币清算中心建设，澳门特区政府《2021 年财政年度施政报告》强调横琴要发挥连接粤澳的作用，"推动金融机构拓展人民币理财业务，开展产品创新，……推动人民币在葡语国家的使用，建设葡语国家人民币清算中心"。2021 年 9 月召开的《横琴方案》第二场媒体介绍会，再次强调横琴要发展"现代金融产业……支持在合作区开展跨境人民币结算业务，以及支持合作区降低澳资金融机构设立银行、保险机构准入门槛"，通过"在合作区内探索跨境资本自由流动和推进资本项目可兑换，在跨境融资领域，探索建立新的外债管理体制"，从而实现创新跨境金融管理。

在跨境人民币结算业务方面，2021 年 9 月，由中国工商银行广东省分

---

① 汪灵犀：《中医药产业：澳门发展新增长极》，今日中国网，2020 年 3 月 18 日，http://www.chinatoday.com.cn/zw2018/bktg/202003/t20200318_800197553.html。

行办理的合作区首笔跨境人民币账户融资业务落地，开启了横琴与澳门两地金融机构携手服务、深度合作的新模式。[1] 同年 10 月，广东省人民政府在澳门发行首只离岸人民币地方政府债券，发债吸引了包括巴西等葡语国家在内的各国机构投资者参与，共计发行 22 亿元离岸人民币地方政府债券，为横琴建设跨境人民币结算中心开拓了新局面。同月，深合区首家澳资银行——澳门国际银行横琴粤澳深度合作区支行在横琴正式揭牌，并于揭牌之前顺利在深合区落地首笔跨境理财通业务。随着横琴粤澳跨境金融合作（珠海）示范区的正式建设，澳门国际银行横琴代表处、澳门保险中介人协会等 30 多家涉澳跨境金融企业和服务机构先后入驻，正式开启了跨境金融业务的新篇章，为建设深合区跨境金融服务平台奠定了基础。

（四）建设中葡旅游休闲中心，推动贸易数字化转型

世界旅游休闲中心是澳门长期以来形成的"一中心"定位，对接澳门的这一优势和定位，横琴也积极推进国际休闲旅游岛建设，2019 年 4 月印发的《关于横琴国际休闲旅游岛建设方案的批复》，强调横琴要"加快构建以休闲旅游业为核心的现代产业体系，……大力推进生态文明建设，建设环境友好、资源节约的生态岛……探索国际休闲旅游岛开发新模式，逐步将横琴建设成为面向未来、国际品质、生态优先、协同发展、智慧支撑的国际休闲旅游岛"。横琴和澳门在旅游休闲方面的定位高度一致，以深合区为旅游休闲合作与建设的重要基地，可以有效辐射至中国内地与葡语国家并促使双方在旅游休闲领域的合作。

2020 年，受新冠肺炎疫情影响，中国与葡语国家的商品贸易额下降至 1452 亿美元（同比下降 2.98%）。为共同应对疫情给中国与葡语国家经贸合作带来的不良影响，2021 年 7 月，由澳门贸易投资促进局主办的"葡语国家商机系列—线上推介会"在澳门正式上线，以短片和图文包等形式在

---

[1] 《10 亿元！工行广东分行落地横琴粤澳深度合作区首笔账户融资业务》，中国日报中文网，2021 年 9 月 27 日，https://gd.chinadaily.com.cn/a/202109/27/WS6151c1e2a3107be4979f01ec.html。

"中国—葡语国家经贸合作及人才信息网"上介绍 8 个葡语国家的经贸资讯。推介会每月定期以一个葡语国家为主题，分析该国经贸历史及其他业务，对于有合作意向的跨境投资者，提供每月答疑分析服务。① 在线上平台合作稳步推动的同时，线下会展文旅等商贸业务的发展也同步跟进。2021年 11 月，澳门贸易投资促进局与深合区执委会经济发展局进行交流，针对横琴粤澳深合区的会展业务，提出横琴要借助澳门现有会展产业平台优势和葡语国家资源，用好横琴空间载体接入合作区推介内容，完善国际化规则增加资源对接。②

（五）推动中葡教育合作，培养葡语复合型人才

2013 年，澳门大学横琴校区正式启用，为澳门大学崛起成为具有国际竞争力的高等学府和研究机构奠定了坚实基础。2018 年，澳门大学获国家汉语国际推广领导小组办公室批准设立"孔子学院"，以推动中葡双边文化交流，建设中葡双语人才高地，为中国与葡语国家合作赋能提速。为推动中国与葡语国家的人才培养与教育合作，除澳门大学外，澳门理工学院增设中葡/葡中等双语学士课程，澳门城市大学设立葡语国家研究院，同时增设相关研究生课程。澳门高校设立的葡语相关专业和孔子学院，为中国与葡语国家的合作提供了大量的双语型人才，以澳门大学为主导，通过横琴校区的扩能和孔子学院的联动，极大地推动了中国与葡语国家的教育合作。

为深化中国与葡语国家教育合作，培养具备专业素养的复合型人才，2021 年 9 月，澳门大学、北京外国语大学和里斯本大学三方于线上签署了《关于组建中国葡语教育高校联盟的协议》，③ 协议通过澳门大学横琴校区的提质扩能，有利于深合区培养中国与葡语国家"双语＋专业"复合型人才。

---

① 《"葡语国家商机系列－线上推介会"下月起开跑》，中华人民共和国澳门特别行政区政府入口网站，2021 年 6 月 26 日，https://www.gov.mo/zh-hans/news/298266/。
② 李灏菀、陈雁南：《琴澳部门联动搭建优质招商服务平台》，《珠海特区报》2021 年 11 月 10 日，第十版。
③ 《澳门大学、北京外国语大学和里斯本大学成立中国葡语教育高校联盟》，中国教育网，2021 年 9 月 10 日，https://news.eol.cn/dongtai/202109/t20210910_2153674.shtml?_zbs_baidu_bk。

在 2021 年 11 月召开的澳门青年联合会—珠海市青年联合会 2021 年第四季度联席会议上，两地青联围绕深合区的人才服务建设，就《澳门青年联合会—珠海青年联合会支持配合服务横琴粤澳深度合作区建设行动方案》进行探讨，以青年组织建设、青年阵地建设、青年交流合作、青年服务水平和青年交流合作制度化建设等五个议题，研讨两地青联如何充分发挥组织动员优势和人才智力优势，合力培养引进葡语人才，从而助力深合区复合型人才高地的建设。[1]

二　横琴在促进中国与葡语国家合作中的作用

（一）促进澳门经济适度多元化，打开中葡合作新局面

一直以来，澳门受自身地域空间限制、国际贸易基础设施规模不足、经济结构单一和专业人才缺乏等因素影响，在高质量可持续发展方面仍然有很大的空间。横琴成为促进澳门经济适度多元化发展的重要抓手，为"承接澳门经济适度多元化发展的载体"，2021 年《横琴方案》的公布和深合区的挂牌成立，更是在促进澳门经济适度多元化的前提下，对深合区提出了更加全面的建设要求，作为促进澳门经济适度多元发展的新平台，深合区要"围绕澳门产业多元发展主攻方向，加强政策扶持，大力发展新技术、新产业、新业态、新模式，为澳门长远发展注入新动力"。

深合区具备政策制度优势，作为粤澳紧密合作的载体，在加强两地间的直接联系的同时，共同创新两地联动合作机制，通过双方"共商共建共管"的管理原则，开发制定两地新合作方式，最大程度降低因两地机制、制度不同带来的不便。将澳门的优势延伸至合作区，更充分地推动文旅会展、跨境金融等新产业在横琴融合发展，承接澳门经济多元化发展方向，

---

① 廖明山、林琦琦：《澳珠两地青联联席会议在澳门召开》，珠海网，2021 年 11 月 10 日，https://pub-zhtb.hizh.cn/a/202111/10/AP618bc9c6e4b0ab2a1c4f296e.html。

为澳门这一中国与葡语国家合作平台储能，推动双方更深层次的交流合作。

（二）中医药产业园项目落地，搭建中葡科创合作基础

中国作为有着悠久中医药历史的国家，具备较为完善的中医药治疗体系，而且中国援助非洲医疗救助的历史长达 50 余年，中国的中医药产业在国际上的影响力不断增强。葡语国家中除巴西和葡萄牙在医疗卫生方面具有一定发展基础外，其他葡语国家的医疗卫生发展较为落后，欠缺完善的医疗卫生保障体系。与成本高昂的西医体系构建相比，中医药在亚非葡语国家具有独特的成本优势，但这一优势尚未得到充分发挥。其原因在于亚非葡语国家较少接触中医药，信赖西药多过中医药，而且中国的中医药产业也存在着在亚非葡语国家知名度不高、产业覆盖范围不够广泛等问题。

为了推动中国与葡语国家的中医药产业合作，夯实中国与葡语国家科创合作基础，提升中国中医药产业在国际上的地位，《横琴方案》强调深合区作为连接粤港澳大湾区的纽带，要重点发展中医药等澳门品牌工业，"着眼建设世界一流中医药生产基地和创新高地，优化粤澳合作中医药科技产业园发展路径，以国家中医药服务出口基地为载体，发展中医药服务贸易，建立具有自主知识产权和中国特色的医药创新研发与转化平台"。粤澳合作中医药科技产业园已成功与莫桑比克卫生部、葡萄牙食畜总局、葡萄牙食品补充剂协会等葡语国家医药卫生机构建立起合作关系。深合区在合作基础上针对葡语国家市场服务主体和需求，制定相关市场拓展计划和推广方案，实现中医药国际接轨，提升中国的中医药在国际市场中的地位和知名度，为中国与葡语国家之间以中医药为主的科创业务合作奠定了基础。

（三）跨境金融业务崛起，推动中葡合作新篇章

《横琴方案》提出要将深合区的金融市场与澳门、香港离岸金融市场相联动，"探索构建电子围网系统，推动合作区金融市场率先高度开放。……进一步推动跨境电商等新型国际贸易结算便利化"，"支持在合作区开展跨境人民

币结算业务"，"探索适应市场需求新形态的跨境投资管理"。在小额跨境金融业务方面，深合区试用推广"快速支付系统"（FPS），FPS 将连通各参与银行的快速资金通道，银行将基于此系统，提供名为"过数易"（Easy Transfer）的本地快速小额跨行转账服务。"过数易"的应用推广使得部分小额跨境往来业务快速完成。在大额跨境金融业务方面，为进一步促进粤港澳大湾区的金融互联互通，推进人民币国际化，2021 年 2 月，中国工商银行广东分行正式上线 FT 账户业务，中国工商银行横琴分行与省内工行通力协作，通过省内本土企业将 FT 账户"政策红利"传导至其跨境、跨国的"走出去"企业。作为承接澳门跨境金融服务中心的平台，深合区努力推动包括融资租赁、绿色债券、中葡金融等业务的发展，充分利用澳门与葡语国家的联系联络，推动人民币国际化，拓展葡语国家跨境人民币结算业务。

（四）深合区旅游产业快速发展，开拓中葡经贸新模式

围绕横琴国际休闲旅游岛和澳门世界旅游休闲中心的定位，休闲度假、会议展览等旅游相关产业得到快速发展。横琴拥有全球最大且年均游客超过 1000 万人次的海洋主题乐园——长隆海洋王国，以及集五地地方特色建筑风格、以非遗工法精雕细琢的香洲埠文化院街等旅游资源，旅游文化产业初具规模。在会展产业方面，深合区利用自身具备的会展业基础，积极参与承办中国与葡语国家会展活动，推动中葡双边会展业务深层次交流合作。

在跨境贸易方面，为助力跨境贸易便利化，中国工商银行横琴分行积极联动工行集团香港、澳门以及新加坡、纽约、越南等分行，为跨境企业核实注册信息及经营状况，主动为跨境企业提供资料预审核及预约开户服务，大大提高了跨境企业的开户效率，为后续境外企业入驻提供保障。深合区通过对接港澳国际贸易资源，加快对接港澳地区服务贸易资源、发展高端旅游和文化产业、增强跨境贸易服务效能、建设大湾区国际会展名城、建设国际贸易中心等，将对推动中国与葡语国家国际贸易业务的开展，对双方探索数字贸易新业态合作发挥重要作用。

（五）中葡高校交流高质量，发展复合型人才新高地

澳门大学横琴校区于 2013 年正式启用，2018 年澳门大学孔子学院设立，这些成为横琴发展葡语教学和中国与葡语国家合作的重要标志性事件。澳门大学充分利用澳门独特的制度机制、地理区位、多元文化和多语社会等优势，面向葡语国家有针对性地建设一个有特色的国际汉语教学、培训与交流平台，推动澳门发展成为一个面向国际（尤其是葡语国家）的汉语教学交流平台。得益于横琴和澳门在人才、资金等方面更加紧密的联系，澳门大学、澳门理工学院、澳门科技大学、澳门城市大学、圣若瑟大学等高校共同搭建起世界级的教育合作和人才培养平台，凭借着优越的教学条件和创业就业优惠政策，吸引了众多全球顶尖人才来到深合区，共同推动了深合区特别是中葡复合型人才的人才高地建设。

三 横琴在促进中国与葡语国家合作中面临的挑战与对策

（一）跨境合作限制多，开拓"双循环"下新格局

深合区充分体现了"一国两制"的政策优势，但在建设中也面临挑战。首先，两地税收制度差异较大，澳门机构在当地高度开放的金融环境下，税种少且税率低，而内地机构同时征收直接税与间接税，税率相对较高。其次，澳门与内地的法律制度存在差异，内地采用大陆法系，具有明确的法律条文制度，而澳门则因历史原因受海洋法系影响较大，在跨境合作中需要扫除法律障碍。再次，横琴与澳门流通货币不同，汇率制度也不一致，两地间跨境业务往来还涉及受到严格限制的外汇出入境和人民币出入境业务。最后，对于跨境业务的监管机构不同，需要做好跨境业务监管的统一协调。

为了更好地在国内国际双循环中突破跨境合作的困难，深合区要发挥政策优势，在税收方面，充分发挥深合区财政局的作用，完善免税、减税

等相关税收规定，更好地吸引境外人士进驻深合区发展。在解决法律体系存有冲突问题方面，深合区法律事务局在总结现有问题的前提下，为解决大陆法和海洋法系下所存在的法律问题，向中央和省级政府申请成立调研小组，为中国与葡语国家合作中的法律问题妥善解决打好基础。在跨境业务方面，深合区联合澳门金融管理局，利用现有鼓励和便利琴澳双方跨境投资、跨境办公等政策制度，深化推进建设琴澳两地跨境业务，落实粤澳、珠澳合作协议。同时，以跨境金融为核心，发展融资租赁、绿色金融、财富管理和金融科技等现代金融业务，加快建设深合区澳门现代金融服务基地。

（二）葡语国家市场待深掘，探索琴澳葡旅游新路线

由于葡语国家分布在四大洲，与中国距离大都较远，再加上亚非葡语国家的发展水平较低，资源开发利用率较低，葡语国家的市场还有待进一步开发。虽然中国与葡语国家的商品贸易额连续四年突破千亿美元，但除商品贸易外，双方的经贸合作仍然以在少数国家的直接投资和承包工程为主，中国仍然需要深挖葡语国家的市场，双方仍有很大的经贸合作潜力。

在拓展中国与葡语国家旅游业务方面，深合区地处粤港澳大湾区腹地，岛上湿地生态系统完善，再加上长隆乐园的进驻，具有独特的海洋资源优势和良好的旅游发展潜力，同时与珠海机场和珠海国际深水港高栏港均在建设快速联动通道，未来交通更加便利。通过与葡语国家中旅游资源丰富地区的联动开发，发挥好澳门世界旅游休闲中心的作用，开发"横琴—澳门—葡语国家"海洋旅游新路线，从而推动开发"内地—澳门—葡语国家"海洋旅游新业务，拓宽中国与葡语国家的旅游市场。在推动中国与葡语国家经贸合作更密切的措施上，深合区可利用本岛的会展产业基础优势，依托中葡论坛平台，举办"中国与葡语国家进（出）口产品展"等一系列展会，推动中国与葡语国家之间的进出口贸易更加多元化。

（三）内地与葡语国家文化交流较少，区域文化合作需深化

澳门作为中国与葡语国家文化交流的主要平台，举办了一系列促进中国与葡语国家文化交流的盛会，包含"中国与葡语国家文化周""葡语国家美食推介会""中国—葡语国家手工艺市集""澳门土生葡人艺术作品展"以及葡语国家话剧等。①

除经贸合作领域外，深合区在推动中国与葡语国家文化交流方面也大有可为。通过找准深合区的文化发展定位，逐渐形成具有粤港澳大湾区特色的开放型文化交流产业，拉动粤港澳大湾区区域间的文化产业建设。同时，利用澳门中葡论坛平台的现有基础并发挥其人文优势，主动承接举办中国与葡语国家的文化交流活动，推动横琴及粤港澳大湾区与葡语国家的文化交流，并以文化交流促进文化、会展等产业的合作。

（四）中葡双语专业人才缺乏，建设复合型人才储备新高地

中国与葡语国家之间的经贸往来日益密切，双方在经贸合作中的合作方向也逐渐多元化，加大了对中葡双语人才尤其是"葡语＋专业"和"专业＋葡语"的复合型人才的需求。深合区作为粤港澳深度合作的示范平台，现有的澳门高校、产业园、研究院等形成人才集聚，在进一步引入人才方面具有一定的基础和政策优势。

深合区在现有就业、创业境外人才引入政策基础上，对中国与葡语国家经贸合作的专业人才需求需进一步细化，明确人才引入标准和相关服务细则，利用粤港澳大湾区红利和平台吸引力，完善人才引入政策制度，力争做到人才引入即留住。习近平总书记在 2021 年 9 月召开的中央人才会议上强调要"发挥国家实验室、国家科研机构、高水平研究型大学、科技领军企业的国家队作用，围绕国家重点领域、重点产业，组织产学研协同攻关。……建设一

---

① 《第 11 届"中国—葡语国家文化周"将于 10 月 12 日至 18 日隆重举行》，中华人民共和国澳门特别行政区政府入口网站，2019 年 9 月 25 日，https://www.gov.mo/zh-hans/news/263989/。

批基础学科培养基地，培养高水平复合型人才"。① 深合区作为澳门大学、粤澳合作产业园、澳门大学珠海研究院的所在地，在人才培养计划实施过程中，利用横琴产学研一体化的优势，着重培养熟悉内地、了解葡语国家的复合型人才，将深合区建设成为中国与葡语国家合作的复合型人才新高地。

四　结语

凭借得天独厚的区位优势和政策优势，横琴成为促进粤澳深度合作和澳门经济多元发展的重要试验区，2021 年《横琴方案》的出台为横琴深合区的建设勾勒出总体蓝图，对其战略定位明确界定为促进澳门经济适度多元发展的新平台、便利澳门居民生活就业的新空间、丰富"一国两制"实践的新示范和推动粤港澳大湾区建设的新高地。《横琴方案》同时为在横琴深合区开展中国与葡语国家合作提供了方向，为发展促进澳门经济适度多元的新产业，中葡国际贸易中心的建设和中国—葡语国家金融服务平台的打造将是重要的方向，在建设便利澳门居民生活就业的新家园方面，以中葡青年创新创业基地等为载体，构建全链条服务生态，是澳门居民尤其是青年人在横琴深合区安居乐业的重要选项。

作为粤港澳大湾区建设的新高地，横琴深合区的建设代表着创新性与高品质，而这均离不开高素质人才的支撑，需要有针对性地培养和引入既了解国际经济贸易规则，又熟悉湾区经济发展现状的人才，建立横琴新型人才高地。在中国—葡语国家金融服务平台的打造方面，要充分发挥横琴深合区自由贸易功能，鼓励和支持银行、证券、保险类金融机构利用自由贸易账户等开展金融创新业务，开拓横琴深合区与葡语国家之间更多层次的金融合作。从而在深挖拓展葡语国家市场中实现横琴深合区的快速高质量发展，为粤港澳大湾区重大发展战略的推进，为中国与葡语国家的经贸合作提供横琴智慧与横琴方案。

---

① 《习近平在中央人才工作会议上强调 深入实施新时代人才强国战略 加快建设世界重要人才中心和创新高地》，求是网，2021 年 9 月 28 日，http://www.qstheory.cn/yaowen/2021 - 09/28/c_1127913720. html。

人文交流篇

Cultural Reports

Ａ.6

中国影视文化在葡语国家的传播研究：
现状、问题与对策

尚雪娇　黎钊德*

摘　要： 影视作为国家文化软实力的重要载体，承载着国家形象、价值观念、精神和文化等元素。它面向大众，综合性强，通俗易懂，对塑造良好的国家形象，提升国家文化软实力起重要的推动作用。本报告通过调研目前中国影视作品在葡语国家的传播现状，探索其主要的传播途径、传播类型，葡语国家观众的喜好和对中国影视的认知情况，发掘和分析中国影视文化在葡语国家传播过程中存在的问题，从而为中国影视文化进一步走入葡语国家提供建议和对策。

*　尚雪娇，广东外语外贸大学西方语言文化学院葡萄牙语系副教授，葡语国家研究所执行所长，澳门大学博士研究生；黎钊德，广东外语外贸大学葡萄牙语专业 2020 届学生。

关键词： 中国文化　对外传播　影视作品　葡语国家

　　将一个国家的核心价值观、民族精神、风土人情、语言文化等通过多形式对外进行传播，对于塑造正面国家形象，增强国家在国际交流中的话语权有着重要作用。实现国家形象的跨文化传播既取决于国家的综合国力，又取决于把这种实力展示出来的能力。要实现中国文化走出去，塑造良好的国家形象，就离不开有效的跨文化传播途径。新时代，影视媒介作为大众传播载体，已然成为能够输出价值观念、引领生活方式、履行文化交流和传播职能的重要文化传播媒介。影视作品作为最群众化的艺术，一方面，具有信息传播、舆论引导、大众教育和娱乐等功能；另一方面，以电影、电视为介质传播内容，可以实现价值引领。① 20世纪重要的导演之一英格玛·伯格曼曾说过："没有哪一种艺术形式能够像电影那样，超越一般感觉，直接触及我们的情感，深入我们的灵魂。"② 影视传播与其他的文化传播形式相比，更为生动有趣、直观形象、通俗易懂。即使观众有着不同的知识文化背景，也不会阻碍其对影视作品的理解。

　　随着共建"一带一路"的推进，中国与葡语国家关系快速升温，政治交流日益频繁，经贸合作大幅提升。然而，由于地缘距离远，语言交流不畅等原因，与政治、经贸等领域的快速发展相比，中国与葡语国家在文化领域的交流与合作相对较少，使得葡语国家对于中国文化不够了解，对中国国家形象的认知出现了误解甚至曲解。推进中国文化走进葡语国家，特别是加快中国影视作品的出口，用喜闻乐见的方式向葡语国家民众展示中国的风土人情、人民的精神风貌以及悠久的文化，有助于葡语国家民众了解真实的中国。

---

① 李蓉：《媒介在高校思想政治教育中的功能发挥——以主旋律影视作品为例》，《出版广角》2021年第24期。

② 思郁：《"天才之声"：有关伯格曼的一切》，经济观察报网站，http://www.eeo.com.cn/2017/1016/314732.shtml。

此外，在海外市场推广中国影视作品，必须了解当地的市场需求和观众对影视作品的审美要求。北京电影学院中国电影文化研究院曾从 2012 年起，陆续对五大洲观众就中国电影的观看渠道、宣传方式、中国电影元素偏好度等进行调研。但调研结果主要覆盖欧洲、亚洲、南美洲重点国家和地区，对葡语国家的中国影视文化传播问题没有进行专门的调查研究。因此，本报告聚焦葡语国家，通过调查问卷①和深度访谈②相结合的方式，了解葡语国家观众观看中国影视作品的渠道、观影频率、对中国影视作品的评价等现状，探知中国影视文化在葡语国家传播过程中存在的问题，通过分析问题存在的原因，为中国影视文化在葡语国家的传播提出几点建议。

一　中国影视作品在葡语国家传播的现状及面临的问题

（一）葡语国家民众有观看中国影视剧的习惯

本次调查共收集到有效问卷 84 份。其中，调查对象主要来自葡萄牙和巴西，分别占 57.1% 和 34.5%，安哥拉和莫桑比克也有少量受访者参与问卷调查，分别占 4.8% 和 3.6%，东帝汶、圣多美和普林西比、几内亚比绍和佛得角因受众群体小而无人参与此次问卷调查。调查结果显示，超过 70% 的受访者在过去一年观看过中国影视剧，没有中国影视剧观看历史的受访者占比 28.1%。可以说，葡语国家民众普遍有观看中国影视

①　2019 年 12 月至 2020 年 3 月，以"中国影视文化在葡语国家的传播"为主题的问卷调查针对目标群体发放 100 份葡萄牙语版网络问卷，回收有效问卷 84 份。本问卷从受访群体的国籍、年龄、性别、受教育程度等基本信息入手，通过调查过去 12 个月里观看中国影视作品的频率、观影渠道、获取中国影视作品资讯的途径、对中国影视作品的评价、对不同类型中国影视作品的喜好度、观看中国影视作品后对中国国家形象的评价等问题，开展中国影视文化在葡语国家传播的调查研究，并试图探索中国文化对外传播过程中，影视文化对提升国家软实力、构建国家形象的作用。

②　2019 年 12 月至 2020 年 3 月，通过社交媒体与葡语国家的 8 名观众进行访谈，访谈对象主要来自葡萄牙（6 人）和巴西（2 人）。通过访谈了解目标群体对中国影视文化在当地传播的看法，试图进一步分析调查问卷数据背后的原因。

作品的习惯。

从表1显示的受访者观看中国影视作品的数量来看，受访者的观影数量普遍集中在1~5部这个区间，占40.6%，观看6~10部的受访者占比19.5%，观看11~15部中国影视剧的占9.3%，观影数量超过15部的仅为2.3%。

表1　受访者在过去一年观看中国影视剧的频率

观影量	百分比
从没看过	28.1%
1~5部	40.6%
6~10部	19.5%
11~15部	9.3%
15部以上	2.3%

（二）智能媒体占据优势，在线观看中国影视剧逐步流行

对葡语国家民众观影途径进行调查发现，超过90%的受访者通过手机、平板电脑、网络平台等智能媒体观看中国影视作品。其中，42.9%的受访者表示，他们主要通过免费网站和免费电视频道，如Youtube、葡萄牙波尔图电视台和巴西REDE TV的中国电视节目专属时段"China Hour"（中国时间）等，来观看中国影视作品。除此之外，通过付费网站观看的观众占20.4%，这与近年来Netflix（奈飞）等付费视频网站在葡语国家的兴起有关。与此同时，随着Youtube、Netflix等视频网站逐步推出提供影视资源的手机版应用程序（App），手机观影也成为葡语国家观众的新选择，占到总数的25.0%。通过调查，通过传统线下影院观看中国影视剧的人数仅为5.9%。

由此看出，在葡语国家，以网络平台和分享类视频网站为主要方式的在线观影模式已经逐步流行，智能媒体的兴起使得人们的观影方式不再局限于传统的线下影院。通过智能媒体途径观看中国影视剧的人数不断增多，一方面得益于电子科技水平的发展，使得通过手机、平板电脑等电子产品

观影具有便利性、灵活性等优势；另一方面，中国与葡语国家的官方媒体积极开展合作，拓宽了中国影视剧的观看渠道。例如中国国际电视总公司和国家新闻出版广电总局与多个葡语国家合作，推动"中国频道"的建设和发展，"China Hour"作为以当地语言翻译制作的中国电视节目频道，在吸引了一定数量的观众，为中国影视剧的传播搭建了良好的官方平台。与此同时，通过传统线下影院观看中国影视剧的人数占比较少的原因，通过访谈得知，主要是中国电影在葡语国家主流影院放映的概率较低，通常情况下，只有在"中国电影周""中国电影节""中国电影电视展"等活动期间，观众才能在电影院观看到中国电影。

（三）人际传播和社交网络是葡语国家观众了解中国影视文化资讯的主要途径

在葡语国家观众了解中国影视文化的资讯渠道的 7 个选项中，排名前 2 位的分别是：熟人推荐（36.9%）、社交网络（23.1%）。而户外广告、电影院播放的宣传预告片是被选择最少的两种推广方式，它们在大众的视野里出现的概率较低。

调查结果还显示，不同葡语国家观众的观影渠道也存在一定的差异。以葡萄牙和巴西这两个受访者最多的葡语国家观众为例（占受访者总数的91.6%），通过对比图 1 与图 2 的数据可以看出，"熟人推荐"和"社交网络"是两国观众了解中国影视作品信息的主要来源。与此同时，巴西观众通过"报纸"获取信息的比例要明显高于葡萄牙（25.1% > 8.3%），而葡萄牙观众通过"电影杂志"了解中国影视资讯的比例则明显高于巴西（20.6% > 12.9%）。

从以上调查结果可以看出，以巴西和葡萄牙为代表的葡语国家观众主要是通过人际传播和社交网络的方式来了解中国影视的资讯。但鉴于阅读习惯等文化差异，巴西观众主要采用"熟人推荐 + 社交网络 + 报纸"的混合方式获取中国影视文化资讯；而葡萄牙观众则多采用"熟人推荐 + 社交网络 + 电影杂志"的混合方式。

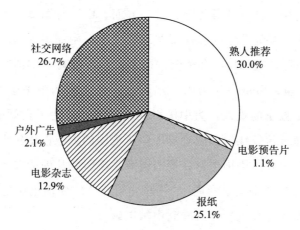

图1　巴西观众了解中国影视文化资讯的渠道

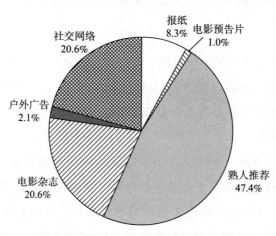

图2　葡萄牙观众了解中国影视文化资讯的渠道

（四）中国影视剧在葡语国家的传播呈现出题材多元化的特点

在葡语国家观众喜爱观看的中国影视作品类型的8个选项中，武侠片（15.2%）成为受访者的首选，其次是动作片（14.9%）。中国功夫很早便深入全世界人民的心，因而武侠片、动作片成为很多国外观众的观影首选。而近几年在中国大热的古装剧（13.3%）和家庭片（13.0%）紧随其后，之后依次是：爱情片（11.3%）、喜剧片（11.1%）、纪录片（11.0%）和文艺片（10.0%）。

虽然武打片和动作片仍是葡语国家观众最喜欢的类型，但问卷调查结果显示，该类型的影视作品与其他题材影片的受喜爱程度差距并不大。通过访谈，受访者表示，虽然会选择从功夫片开始接触中国影视作品，但随着中国影视剧题材和形式的多元化，也会逐渐关注更多不同题材的中国影视作品，譬如，极具中国特色的古装片，反映中国社会面貌的纪录片、校园青春片、都市爱情片等。

除此之外，通过调查葡语国家使用人数最多的 Netflix 中国影视板块热度榜单发现，除了《卧虎藏龙》《叶问》等武打片和《红海行动》《战狼》等动作片受到关注之外，《甄嬛传》《天盛长歌》《大秦帝国之纵横》等古装片，《流星花园》《微微一笑很倾城》《何以笙箫默》《如果蜗牛有爱情》等青春爱情片亦在热搜榜中出现。这在一定程度上反映出中国影视剧在葡语国家的传播呈现出题材多元化的特点。

（五）中国影视剧反映出中国特色，但作品译制尤其是字幕翻译水平有待提高

为调查葡语国家观众对中国影视作品的印象，问卷调查设置了 7 个显性指标，其中包括 5 个正向指标：故事动人、演员吸引人、制作精良、有中国特色、价值观值得认可；以及 2 个负向指标：字幕翻译难懂、逻辑思维难懂。整体来看，近一半的受访者认为中国影视作品体现出中国特色，但是有 69.4% 的受访者指出，中国影视剧的字幕翻译晦涩难懂（见图 3）。

具体来看，葡语国家观众对故事、演员、制作这三个涉及电影基本层面的正向指标评价不高，三项指数平均只得到约 30% 葡语国家观众的肯定，由此看出，出口的中国影视作品的整体制作水平还有待提高。与此同时，47.3% 的受访者认为中国影视作品反映出中国特色，展现了中国历史文化和社会风貌。由此可见，中国影视作品中展现的中国特色是吸引葡语国家观众的主要因素。

从 2 个负向指标的结果来看，有 39.4% 的受访者认为中国电影的思维

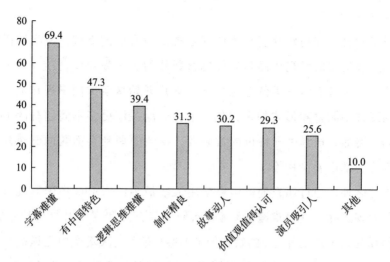

图3 受访者对中国影视的印象评价

逻辑复杂难懂，更有 69.4% 的受访者认为中国影视剧中的字幕翻译晦涩难懂。因此，字幕翻译质量成为葡语国家观众理解中国影视作品的最大障碍之一。造成中国影视作品字幕难懂主要有两方面原因，一是葡语国家引进的大部分中国影视作品是根据英文译版，再次进行葡萄牙语转译，因此，中－英－葡双重转译容易导致与原文意思的偏差；二是很多葡语国家观众不了解中国文化，这种文化差异增加了翻译和理解字幕的难度，特别是进行古装片翻译的时候，会出现无法在葡语中找到对应词的窘境，如此一来，就容易造成误译、错译。

（六）葡语国家观众普遍认同中国影视作品展示的正面中国形象

对"您如何评价中国影视作品中展示的中国国家形象"这一问题进行调查发现，受访者普遍对中国国家形象持正面态度。具体来看，排名前4的中国国家形象分别是：发展迅速的（19.9%）、文明的（18.6%）、经济发达的（17.6%）、古老的（17.6%）。而爱好和平的、科技先进的和环境美好的评价分别为8.3%、7.6% 和6.3%（见图4）。

调查结果还显示，不同葡语国家观众观看中国影视作品后，对中国国家

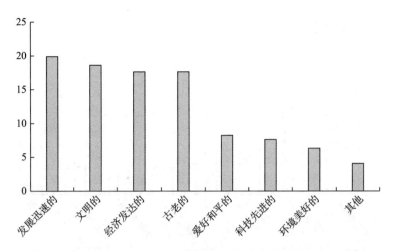

图 4　葡语国家观众观看中国影视剧后对中国国家形象评价（均值）

形象的评价存在差异。以巴西和葡萄牙这两个受访者最多的葡语国家观众为例（占受访者总数的 91.6%），对比调查数据后发现，两个国家的受访者观看中国影视作品后，在"古老的""文明的"这两项指标上，葡萄牙观众对中国的评价要明显高于巴西（分别为：22.3% > 12.1%，23.4% > 12.0%）；而在"发展迅速的""经济发达的"这两项指标上，巴西观众对中国的评价又要明显高于葡萄牙（分别为 23.3% > 20.0%，25.2% > 14.5%）。

　　由此可见，葡萄牙观众与巴西观众对中国的评价存在差别：葡萄牙观众更关注中国的历史文化，而巴西观众则更关注中国的经济发展。这与葡萄牙和巴西两国各自的发展，以及同中国的关系发展有关。葡萄牙在十五世纪就与中国建立联系，并在明嘉靖三十二年（1553 年），从当时的广东地方政府取得澳门居住权，成为首批进入中国的欧洲人。自此，葡萄牙开始了与中国在经济、人文、历史、政治等各领域的交流。中国与葡萄牙有着 400 多年的交往历史，葡萄牙人对中国的人文历史较为了解和感兴趣，所以较为喜欢观看这类影片，于是对中国形象得出较多的是"文明的""古老的"这类评价。而巴西作为新兴的南美大国，经济潜力大，正处于发展阶段，并与中国、俄罗斯、南非、印度并称"金砖国家"。中国与巴西两国交往频繁，2019 年两国最高领导人实现年内互访。习近平主席在出访巴西出

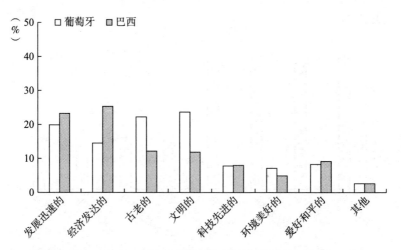

图 5 葡萄牙观众和巴西观众观看中国影视剧后对中国国家形象评价对比分析

席金砖国家领导人第十一次会晤之际，提出推动两国能源资源、基础设施建设、金融、农业、制造业、高技术等各领域的务实合作。中国已然成为巴西最大的经济合作伙伴之一。因此，关切中国经济发展已经成为巴西社会的热点，这就不难理解为何巴西观众普遍认为中国是"发展迅速的""经济发达的"。

二　提升中国影视文化在葡语国家传播效果的对策建议

在中国与葡语国家的交往中，文化传播是双边全面合作的重要组成部分，它不仅有利于不同文化相互借鉴，增进中国与葡语国家人民之间相互了解，也能为双边在经济、能源、科教等其他领域的合作提供良好的舆论环境。影视作品因其贴近人民生活、体现民族文化、容易被大众接受的特点，已经成为葡语国家民众了解中国历史、传统文化、风土人情的重要渠道。因此，针对之前对中国影视作品在葡语国家传播现状和问题的分析，对未来发展提出以下对策和建议。

（一）拓宽中国影视剧在葡语国家社交媒体的宣传渠道，提高中国影视作品的关注度

目前，中国影视作品走进葡语国家的主要宣传途径是中央广播电视总台的葡萄牙语频道。作为中国传播规模最大的国家级葡语传媒，已开办无线广播、落地广播、网站、社交媒体主页和第三方平台账号等多种媒体平台，其中"CRI葡萄牙语"的脸书账号更是拥有56万包括安哥拉、巴西、莫桑比克、葡萄牙等葡语国家的粉丝。然而，通过分析该主页上2016～2018年发布的4600余条微帖，结果显示，内容普遍涉及中国时事政治、中国传统文化、中国经济发展等，有关中国影视剧的内容相对较少。①

宣传的缺失使得许多葡语国家观众虽然想要观看中国影视作品，但却无法获得具体渠道，也无法了解有哪些优秀电影值得观看。因此，应当充分利用中央广播电视总台的葡萄牙语频道这一平台，加大对优秀中国影视作品的宣传力度。此外，考虑到不同葡语国家观众观影渠道的差异性，应当努力实现宣传渠道的多样化。可以在受关注度比较高的官方社交媒体，如人民网葡文版、每日中国葡文版等，增加宣传中国优秀影视作品的频率，定期推送近期上架的优秀中国电影、电视剧信息，提供影视作品简介和观看链接，让葡语国家观众在快速了解影视内容梗概的同时，方便他们直接点击观看。

除了依靠国内官方媒体，还可以创新宣传形式，借助网络媒体时代的便利，合理利用"网红"。在条件允许的情况下，可以考虑与Screen Junkies、CineFix、Alltime Movies等具有公众影响力的Youtube影视营销号或Youtuber合作，拓宽中国影视作品的宣传面。

（二）加强与葡语国家当地主流传媒集团合作，提升中国影视作品的影响力

应积极寻求与葡语国家当地主流影视制作集团合作。一方面，葡语国

---

① 尚秋芬、邢盛妍：《葡语国家主流媒体发展现状及对华合作需求分析》，《传媒论坛》2018年第1期。

家当地传媒集团掌握着大部分市场份额，如葡萄牙广播电视 1 台（RTP1）、葡萄牙广播电视 2 台（RTP2）、私营性质的 SIC 和独立电视台（TVI）四大频道拥有葡萄牙 1500 万用户；另一方面，这些当地传媒集团洞悉市场需求，知晓观众喜好，能够帮助出口的中国影视剧作品实现内容本土化。除此之外，当地传媒集团拥有多元的宣传渠道，能够推动中国影视作品在最短时间内得到足够多的关注。

具体来说，可以通过以下两种方式与葡语国家当地媒体集团开展合作。一是通过共同创作的方式。如 2019 年央视动画和葡萄牙 ZIGZAG 儿童频道联合成功打造了中葡合拍动画系列片《熊猫和卢塔》，双方共组团队，在影视内容创作、资源共享、项目投资、拍摄制作、发行播映和影视教育培训等方面展开沟通合作，共同完成创作；另一种是共同完成原片的后期制作。如中国国家广播电视总局与葡萄牙 SIC 电视台合作推出《我们结婚吧》《欢乐颂》两部中国热播剧的葡语配音版。中方把影视剧原片资源交由葡方进行内容剪辑、字幕加工以及后期配音，实现译制内容本土化，帮助葡语国家观众更好地理解中国影视作品展示的文化内涵。

然而，要实现中国与葡语国家媒体间的合作，首先需要搭建双方沟通的桥梁，让双方企业实现对话，其次是保障资金支持。因此，中国与葡语国家之间应该加快建设文化领域的沟通机制，以共建、共商、共享为原则，建立中国与葡语国家影视合作的新机制，构建一个开放、协作、创作的文化合作交流平台。此外，可以对优秀的合作项目设立专项资金予以支持，譬如，葡萄牙作为首个签署共建"一带一路"谅解备忘录的西欧国家，可以将更多中葡合拍影视项目纳入国家"丝绸之路影视桥工程"当中，获得资金保障。

（三）加快建设澳门影视后期制作基地，推动影视产业的联盟战略合作

字幕翻译制作可以说是中国影视走出国门的一大阻碍，而影片之间的版权协调、版权问题所产生的法务纠纷也同样令人头痛。为集中解决此类问题，设立解决后期制作、版权协调和对外宣传为一体的影视基地就十分有必要。而在这一方面，中国政府已经在行动。

根据《粤港澳大湾区发展规划纲要》（以下简称《规划纲要》），粤港澳大湾区将联合打造中国·罗浮山影视文化产业基地的粤港澳影视制作中心、粤港澳影视原创中心（IP 孵化及剧本交易）、粤港澳影视教育中心、粤港澳影视服务中心四大中心，全面强化合作，建立影视产业联盟，积极打造影视基地。同时《规划纲要》指出，将支持澳门建设以中华文化为主、多元文化共存的交流基地，支持澳门建设中葡文化交流中心，在澳门设立中葡译制发行中心，支持澳门、横琴联手打造中葡影视合作平台，集中解决影片出口问题。

澳门在建设中葡影视后期制作基地方面具有得天独厚的优势。一方面，澳门经常举办中国与葡语国家之间高级别论坛，可以借此机会签署影视作品的交换发行协议，共同推动中葡影视作品进入双方的市场；另一方面，澳门可以借助其中西融合的文化优势，积极举办国际影视展、国际文化节等文化交流活动。因此，加快澳门影视后期基地建设，继续投入建设中葡影视译制发行中心，必将成为中国影视作品出口葡语国家市场的里程碑。

（四）以葡语国家孔子学院为宣传阵地，充分发挥孔子学院传播影视文化的载体作用

中国文化向葡语国家的传播存在自我定位与他者本位的两重维度：一方面，中国主动向葡语国家展示中国文化；另一方面，中国文化也需要通过"特定的他者"来传播。[①] 而在孔子学院学习的葡语国家学生可以作为最好的"他者"。截至 2020 年 12 月，葡语国家已经开设 20 所孔子学院和 4 所孔子课堂。中国影视机构可以与孔子学院进行合作，通过提供电影电视剧资源，在孔子学院定期举办中国电影沙龙、中国影视周、看中国电影学中文等活动，让葡语国家学生先接触、先了解、先喜欢中国影视作品。再以

---

① 高金萍、王纪澎：《来华留学生：中国文化对外传播的重要力量——基于北京地区来华留学生对中国文化认知的调查》，《对外传播》2017 年第 9 期。

这些葡语国家孔子学院的学生为宣传先锋，借助孔子学院及其学生的对外宣传力，让中国影视作品真正起到文化载体的作用。

利用"他者"来宣传中国影视作品是促进中国和葡语国家人文交流的有效途径，"他者"来自葡语国家，他们擅于使用葡语国家观众容易接受的语言讲述中国的文化，而且同文化的传者更容易吸引同文化的受者，受者对其的信任度也会更高。[①] 因此，不但可以借助葡语国家孔子学院的学生去传播推广中国影视作品，还可以让他们去讲解中国影视文化。通过解释中国影视作品中的文化价值，让更多葡语国家观众在观看中国影视作品的同时，更加深入地了解中国，全面地认识中国。

三　结语

中国影视作品在葡语国家的传播，对于输出中国元素，提升国家形象，增强中国与葡语国家之间的人文交流等方面有着重要的意义。随着中国与葡语国家在文化领域的合作交流不断深入，中国影视作品受到葡语国家观众的关注，并呈现出中国特色的影视作品吸引葡语国家观众、多元题材的中国影视作品在葡语国家流行、葡语国家观众普遍认同正面的中国形象等特点，但中国影视作品在向葡语国家传播的过程中仍然面临一些问题，如中国影视资讯的宣传渠道有待拓宽和葡语译制版本的质量有待提高等。因此，本报告通过调查问卷和深度访谈相结合的方式，重点分析葡语国家观众观看中国影视作品的渠道、观影频率、对中国影视作品的评价等方面的问题，进而提出针对性的建议和对策，如拓宽中国影视在葡语国家社交媒体的宣传渠道、加强与葡语国家当地主流传媒集团合作、加快建设澳门影视后期制作基地、发挥孔子学院传播影视文化的载体作用等，从而提升中国影视作品在葡语国家的影响力，推动文化交流，加强中国与葡语国家人民之间相互了解。

---

① 高金萍、王纪澎：《来华留学生：中国文化对外传播的重要力量——基于北京地区来华留学生对中国文化认知的调查》，《对外传播》2017 年第 9 期。

中国与葡语国家抗击新冠肺炎
疫情合作分析

万东方*

摘　要：　新冠肺炎是近百年来人类遭遇的影响范围最广的全球性大流行病，对世界各国人民的生命安全和身体健康均构成重大威胁。疫情发生以来，中国与葡语国家守望相助、携手抗疫，在高层沟通、疫情信息分享、科研合作、抗疫物资援助等方面开展交流合作，取得了疫情防控阶段性胜利，维护了民众生命安全与身体健康，展现了中国与葡语国家之间命运与共的深厚情谊。进入 2021 年，新冠病毒变异总体呈加快的趋势，变异病毒的传播速度更快、更具传染性，全球确诊人数和死亡人数持续攀升，国际疫情防控形势仍然严峻。展望未来，在疫情防控常态化背景下，中国与葡语国家应进一步完善疫情防控合作机制，深化新冠肺炎疫情科研交流合作，推进更高层次、更多领域全方位合作，促进经济社会高质量发展，构建人类卫生健康共同体，助力世界早日走出疫情阴霾。

关键词：　葡语国家　新冠肺炎疫情　人类卫生健康共同体

　　新冠肺炎疫情席卷全球，在中国疫情防控最紧要的时刻，葡语国家通

　＊　万东方，广东外语外贸大学国际商务英语学院讲师，华南师范大学博士生。

过多种方式表达对中国的祝福与帮助，包括国家领导人致电习近平主席，对中国抗击新冠肺炎疫情表示慰问和支持；向中国捐赠口罩、防护服等抗疫物资；为中国在葡语国家的企业与人员提供力所能及的帮助等。葡语国家的支持和援助为中国疫情防控营造了良好的国际舆论氛围，提供了必要的物资保障。

随着疫情在世界各地不断蔓延，葡语国家疫情防控形势不容乐观，面临确诊人数不断攀升、医疗物资告急，防控压力持续增大等不利局面。在自身疫情防控面临巨大压力的情况下，中国迅速展开行动，力所能及地为葡语国家提供援助，包括政府间加强高层沟通，分享疫情信息和抗疫经验，提供人道主义援助，开展国际科研交流合作，等等，为葡语国家疫情防控注入源源不断的动力，充分展示了讲信义、重情义、扬正义、守道义的大国形象，生动诠释了为世界谋大同、推动构建人类命运共同体的大国担当。

一 中国与葡语国家疫情防控合作

"人类是荣辱与共的命运共同体，重大危机面前没有任何一个国家可以独善其身，团结合作才是人间正道。"① 新冠肺炎疫情暴发以来，中国与葡语国家守望相助，共克时艰，取得了疫情防控的阶段性胜利，维护了民众生命安全与身体健康，展现了中国与葡语国家之间命运与共的深厚情谊。

（一）葡语国家支援中国抗疫情况

在中国抗击疫情的关键时期，葡语国家政府和民众通过多种途径对中国抗疫表示慰问和支持，体现出葡语国家政府和民众对中国真诚友好的情谊，为中国打赢疫情防控阻击战注入强大信心和力量。

1. 葡语国家主要领导人积极评价和支持中国抗疫

新冠肺炎疫情发生后，葡语国家主要领导人向中国领导人来函致电、

---

① 习近平：《在全国抗击新冠肺炎疫情表彰大会上的讲话》，《人民日报》2020年9月9日。

发表声明表示慰问支持（见表1）。他们高度赞赏中国政府本着公开、透明和高度负责任态度抗击疫情，祝愿中国政府和人民早日取得坚决防控疫情、阻击病毒传播并最终消灭疫情的重大胜利，并表示向中方提供力所能及的帮助和支持。葡语国家议会、外交、卫生等政府部门也纷纷通过致函、口信等方式向中方表示慰问与支持。

表1 葡语国家主要领导人通过多种形式支持中国抗疫（部分）

国家	慰问形式
葡萄牙	德索萨总统向习近平主席致慰问信
佛得角	丰塞卡总统、席尔瓦总理分别向习近平主席致函、向李克强总理致慰问信
巴西	博索纳罗总统会见中国驻巴西大使，转达对习近平主席的慰问；在社交媒体账号上声援中国抗疫
安哥拉	洛伦索总统向习近平主席致慰问信
莫桑比克	纽西总统向习近平主席致慰问信
圣多美和普林西比	卡瓦略总统向习近平主席致慰问信
几内亚比绍	瓦斯总统、国民议会卡萨马议长分别向习近平主席、栗战书委员长致慰问信
东帝汶	卢奥洛总统向习近平主席致慰问信

2. 葡语国家民众积极支持中国抗疫

葡萄牙各界通过捐赠抗疫物资、打电话、发邮件、网上留言等各种方式，为中国加油。葡萄牙最大的能源企业——葡萄牙电力公司在欧洲医疗物资紧缺的情况下，在葡萄牙、西班牙和巴西等地"海淘"筹集了4.5万个医用口罩、420件医用防护服、1.5万个手术服、4万医用帽以及10万双医用鞋套在内的医疗物资，定向捐赠给中国的一些大学和医院，助力打赢这场没有硝烟的新冠肺炎疫情防控战役。① 葡萄牙足球超级联赛本菲卡同布拉加两支队伍比赛现场还打出了"中国加油，我们与你同在"的中文巨幅横幅，表达了两国人民团结合作共同抗击疫情的心声。

巴西侨胞纷纷伸出援手，通过举办活动、捐助款项、购买医疗防护用

---

① 《从葡萄牙到中国，两国能源巨头接力4吨医疗物资支援战疫前线》，澎湃新闻网，2020年2月16日，https://www.thepaper.cn/newsDetail_forward_6018106。

品等各种方式，支援中国抗击疫情。里约侨界 2020 年 2 月捐款 29 万巴西雷亚尔（约 47 万元人民币），购买的第一批物资包括 56000 个 N95 医用口罩，800 套医用防护衣，通过中国国际航空公司、阿联酋航空公司运送回国。巴西中国和平统一促进会全体理监事向浙江省一个畲族乡捐款 10.5 万巴西雷亚尔（约 17 万元人民币）；巴西知名侨领尹宵敏在疫情发生后第一时间，就捐出 10 万元人民币，表达了华侨华人爱国爱乡的赤子之心。① 大量巴西民众通过网络等为中国加油。

来自安哥拉、莫桑比绍、佛得角等葡语国家的民众、华侨华人也通过捐款、捐赠医疗物资、手持自制标语、高喊口号等方式，表达对中国抗击新型冠状病毒的支持。

（二）中国支援葡语国家抗疫情况

新冠肺炎疫情在葡语国家肆虐之际，中国本着公开、透明、负责任的态度，积极履行国际义务，与葡语国家加强高层沟通，分享疫情信息，开展科研合作，提供抗疫援助，有力支持了葡语国家疫情防控，展现了中国与葡语国家之间命运与共的深厚情谊，为构建人类卫生健康共同体贡献了中国智慧、中国方案、中国力量。

1. 开展元首外交，共商抗疫大计

疫情发生以来，习近平主席亲自推动开展国际合作，密集开展元首外交，与葡语国家领导人共商抗疫大计。疫情出现以来，习近平主席分别同葡萄牙总统德索萨、巴西总统博索纳罗、安哥拉总统洛伦索等葡语国家领导人通话，介绍中国抗疫努力和成效，阐明中国始终本着公开、透明、负责任的态度，及时发布疫情信息，分享防控和救治经验，阐明中国对其他国家遭受的疫情和困难感同身受，积极提供力所能及的帮助，呼吁各方树立人类命运共同体意识，加强双多边合作，支持国际组织发挥作用，携手

---

① 《巴西里约侨界捐助医疗物资支援国内抗击疫情》，中国侨网，2020 年 2 月 11 日，https://www.chinaqw.com/hqhr/2020/02 – 11/245404. shtml。

应对疫情挑战。国务委员兼外长王毅先后同葡萄牙、巴西、安哥拉、东帝汶等葡语国家外长通话，就加强抗疫合作、抗疫经验交流、抗疫物资援助等方面进行深入交流。

2. 同葡语国家分享疫情信息和抗疫经验

中国及时向葡语国家通报疫情信息，交流防控经验，为全球防疫提供了基础性支持。疫情发生后，中国同葡语国家外交部、卫生部、卫生总局等政府部门保持密切沟通，建立起经常性疫情信息通报机制，加强政策协调。中国还向葡语国家提供疫情防控经验手册和知识库数据，中国医疗专家与葡语国家疫情防控专家举行视频会议，分享防控、治疗经验。2020年3月19日，中国同欧洲有关国家共同举行的疫情防控专家视频会议，向包括葡萄牙在内的18个欧洲国家的政府官员和公共卫生专家介绍新冠肺炎疫情防控工作经验。中方专家分别从新冠肺炎疫情的流行病学特征、防控策略、临床诊治等方面介绍了中方经验做法，并就外方提出的80多个问题进行专业、细致解答。① 2020年4月7日，中国驻巴西大使馆与巴西卫生部组织召开中巴抗击新冠肺炎疫情专家视频会，就中方开展新冠肺炎疫情防控及诊疗经验深入交流。② 2020年4月24日，中国四川大学华西医院与莫桑比克马普托中心医院举行主题为"COVID - 19世界流行病概况、预防措施及个人防护设备的使用"新冠肺炎疫情防控第二次国际远程培训会议。③ 中国还先后与安哥拉、几内亚比绍等葡语国家举行疫情防控视频会议，交流疫情防控措施和经验。

3. 向葡语国家提供人道主义援助

在自身疫情防控仍然面临巨大压力的情况下，中国迅速展开行动，力所

---

① 《中国专家视频会议向18个欧洲国家介绍疫情防控经验》，观察者网，2020年3月20日，https://www.guancha.cn/politics/2020_03_20_542673.shtml。

② 《中国武汉医生和巴西医疗专家召开抗击新冠肺炎疫情视频交流会》，文汇报网，2020年4月8日，https://www.whb.cn/zhuzhan/huanqiu/20200408/339272.html。

③ 《分享中国经验！四川大学华西医院—莫桑比克马普托中心医院进行新冠肺炎疫情防控国际远程培训》，四川新闻网，2020年04月3日，http://scnews.newssc.org/system/20200403/001055161.html。

能及地为葡语国家提供援助。中国积极开展对外医疗援助，先后向东帝汶、圣多美和普林西比（以下简称"圣普"）、安哥拉等 3 个葡语国家派遣医疗专家组，协助驻在国开展疫情防控工作，向驻在国民众和华侨华人提供技术咨询和健康教育。2020 年 4 月，中国援东帝汶第八批医疗队积极参与当地疫情防控工作，同中国驻东帝汶大使馆、世卫组织驻东帝汶代表处、东帝汶卫生部建立四方沟通机制，及时与东帝汶方分享中国新冠肺炎防控和诊疗方案。①2020 年 5 月，应圣普政府要求，中国抗疫医疗专家组一行 12 人抵达圣普，密集开展培训和实地考察，向圣普医务人员传授理论知识和宝贵经验，并开展手把手实操教学，切实帮助圣普提高诊疗水平和防治能力。2020 年 10 月，应安哥拉政府邀请，中国政府抗疫医疗专家组一行 10 人抵达安哥拉首都罗安达，开始在安哥拉开展为期两周的抗击新冠肺炎疫情医疗援助工作。专家组在安哥拉期间，走访安卫生部，考察参观部分新冠肺炎定点医院、疾病预防机构、核酸检测机构，对社区防控人员及医务人员开展培训，同当地医疗卫生机构交流分享中国抗疫经验，提出适合安哥拉国情的疫情防控建议，并为在安中资机构和华侨华人提供防疫指导。②

中国政府、企业和民间机构、个人通过各种渠道，向葡语国家捐赠多批抗疫物资。2020 年 3 月 25 日，上海市人民政府外事办公室联合上海复星公益基金会、海通证券以及葡萄牙当地企业 Gestifute 向葡萄牙波尔图市政府共同捐赠 5.84 万件医疗防护物资。③2020 年 4 月 17 日，中方第二次向圣普捐赠医疗物资，包括 N95 口罩、普通医用口罩、医用防护服、手套、鞋套、护目镜和红外电子体温计等；2020 年 6 月 3 日，中国政府向莫桑比克援助第二批抗击新冠肺炎疫情物资。包括中国政府、公益基金会、企业和在莫华侨在内，中方已向莫援助 140 余万只口罩、约 4 万套检测试剂盒、2 万套

---

① 《"希望继续同中国加强抗疫合作"》，国务院新闻办公室网站，2020 年 4 月 14 日，http://www.scio.gov.cn/37259/Document/1677185/1677185.htm。

② 《中国抗疫医疗专家组抵达安哥拉》，人民网，2020 年 10 月 9 日，http://world.peo-ple.com.cn/n1/2020/1009/c1002-31885297.html。

③ 《驰援葡萄牙抗疫一线复星联合爱心企业援助上海友好城市波尔图》，央广网，2020 年 3 月 25 日，https://www.cnr.cn/shanghai/tt/20200325/t20200325_525030190.shtml

医用防护服及其他防疫物资。在巴西疫情蔓延之际，2020 年 7 月 2 日、8 月 10 日、10 月 29 日，中国政府先后向巴西援助 N95 口罩、防护服、护目镜等大量医疗用品，在巴西的国家电网、徐工集团、中国海油等中资企业向巴西地方政府和民众捐赠口罩等防疫物资，协助当地医疗体系更好地抗击疫情。中国三峡集团携手葡萄牙电力公司向葡萄牙卫生部捐赠价值约 1500 万元的呼吸机、监护仪，向巴西政府捐赠总价值约 1000 万元呼吸机、监护仪和除颤仪等医疗设备，以及部分 N95 口罩等防疫物资。[①]

4. 与葡语国家开展疫情防控科研合作

疫情发生以来，中国第一时间向包括葡语国家在内的世界卫生组织、有关国家和地区组织主动通报疫情信息，第一时间发布新冠病毒基因序列、核酸检测引物和探针序列等信息，第一时间公布诊疗方案和防控方案，与包括葡语国家在内的 100 多个国家、10 多个国际和地区组织分享多份技术文件，开展技术交流，共同研究防控和救治策略。中国研发的疫苗在巴西相继开展临床试验。2020 年 7 月，由北京科兴中维生物技术有限公司研制的新冠疫苗克尔来福在巴西开展Ⅲ期临床试验。2021 年 1 月 12 日，巴西权威医疗研究机构布坦坦研究所公布，中国研制的新冠疫苗在巴西进行的第三阶段试验的有效性数据，表明未出现任何死亡或重症感染病例，"兼具有效性及安全性"。[②] 2021 年 1 月 17 日，巴西国家卫生监督局宣布给予克尔来福疫苗紧急使用许可。2021 年 4 月，巴西政府批准由中国三叶草生物制药有限公司研发的一款新冠疫苗在该国进行Ⅱ期和Ⅲ期临床试验。此外，国家中医药管理局联合巴西政府、商协会和医药企业开展"中巴国际传统医药抗疫合作"线上系列研讨会、"国际抗疫合作系列研讨会"暨"传统医学合作"专场等活动，分享中西医结合治疗新冠肺炎的方法，积极开展传统医药科研联合攻关，加强中巴传统医药抗疫合作，助力巴西早日彻底战胜疫情。

---

① 《中国长江三峡集团有限公司：攻坚战"疫"全力以"复"——三峡集团倾力做好疫情防控和复工复产工作》，

② 《巴西：第三期阶段试验结果显示中国新冠疫苗有效》，新浪网，2021 年 1 月 13 日，ht-tps://finance. sina. com. cn/chanjing/gsnews/2021 - 01 - 13/doc-ikftpnnx6382878. shtml。

二　中国与葡语国家疫情防控合作面临的挑战

面对百年来全球发生的最严重的传染病大流行，中国与葡语国家同舟共济，共同抗击新冠肺炎疫情，取得了阶段性成果，人民生命安全和身体健康得到有效保障。然而，受政治、经济、文化、习俗等因素的影响，以及疫情形势的不确定性，中国与葡语国家抗击疫情合作也存在一定的局限性，具体表现在以下三个方面。

（一）疫情防控合作机制需进一步完善

目前，中国与葡语国家建立了有效的疫情防控合作双边机制，进行了全方位的疫情防控合作，疫情防控效果显著。不过，随着新冠病毒变异，特别是德尔塔变异毒株的持续扩散，全球新冠肺炎确诊病例连续增加，死亡病例也在连续上升，一些国家对疫情的防范意识下降，相关防控措施不断放松，世界疫情防控形势仍不容乐观。面对百年来全球发生的最严重的传染病大流行，在巩固传统的双边合作机制之外，还需要深化人类命运共同体理念，建立健全更加包容的全球治理、更加有效的多边机制、更加积极的区域合作、更加灵活的民间交流，国际社会团结协作、携手应对，才能应对日益严峻的全球性挑战，维护人类共同家园。

（二）疫情科研交流合作需进一步深化

当前，全球新冠肺炎疫情进入新阶段，新冠病毒变异总体呈加快的趋势，变异病毒的传播速度更快、更具传染性，全球疫情防控形势仍然严峻，中国与葡语国家面临着新一波疫情的威胁。中国与葡语国家需要充分发挥各自优势，深化在疫情防控方面的科研交流与合作，共享科研数据信息，共同研究防控和救治策略，取得抗击疫情的最终胜利。

（三）更高层次、更多领域合作需进一步推进

为控制疫情，葡语国家采取一系列紧急措施，如宣布国家进入紧急状态、居民居家隔离、商业机构暂停营业、取消聚集和庆典活动，采取强制性远程办公和关闭所有集市，等等，在有效遏制疫情的同时，也对葡语国家国民经济社会发展造成较大冲击：2020年葡语国家国内生产总值（GDP）均大幅下降，如葡萄牙经济萎缩7.6%，是近50年来最严重的经济衰退，巴西国内生产总值下降4.1%，结束了此前连续三年的增长势头；因疫情失业的民众人数急剧上升，失业率高企；大规模财政刺激和宽松货币政策导致通胀压力上升，等等。在疫情防控常态化背景下，需要进一步加强中国与葡语国家互利互惠合作，在更高层次、更多领域形成全方位合作，推动葡语国家经济社会发展，提升民众生活质量，构建人类命运共同体。

三 中国与葡语国家深化疫情防控合作的建议

人类是休戚与共的命运共同体，团结合作是战胜疫情最有力的武器。展望未来，在疫情防控常态化背景下，中国与葡语国家应深化全方位合作，建立健全多边、多元、多层次合作机制，加强在疫情防控方面的科研合作交流，在"一带一路"合作框架下推进中国与葡语国家更高层次、更多领域全方位合作，促进经济社会高质量发展，构建人类卫生健康共同体。

（一）深化中国与葡语国家疫情防控双边合作，完善多边、多元、多层次合作机制

深化中国与葡语国家疫情防控双边合作。一方面，持续增强中国与葡语国家之间政治互信，共同维护好双边关系的正确发展方向，在疫情防控合作中相向而行，形成合力，并坚决反对任何将疫情政治化、标签化、污名化的企图；另一方面，加强新形势下中国与葡语国家民间的"云"外交、"云"沟通、"云"互动，巩固中国与葡语国家友好的民间根基。"国之交，在于民相

亲。"长期以来，中国与葡语国家各国人民命运相系、守望相助、休戚与共。如前所述，疫情以来，中国与葡语国家之间的民间力量为疫情防控做出了巨大努力和贡献。在疫情防控常态化背景之下，中国与葡语国家之间的非政府组织、智库、媒体等广大民间力量可利用网络平台和新媒体工具，为中国与葡语国家政治互信、经贸合作、民间交流营造了和谐友好的氛围。

完善中国与葡语国家多边、多元、多层次的抗疫合作机制。一方面，完善中国与葡语国家在世界卫生组织领导下的国际抗疫合作。作为全球卫生治理领导机构，世界卫生组织在此次疫情国际合作中发挥了重要的领导作用。疫情出现以来，中国向世界卫生组织提供两批共5000万美元现汇援助，参与该组织发起的"全球合作加速开发、生产、公平获取新冠肺炎防控新工具"倡议（ACT-A），加入"新冠肺炎疫苗实施计划"并支持新冠疫苗知识产权豁免。2021年，由中国医药集团北京生物制品研究所研发的新冠灭活疫苗、北京科兴中维生物技术有限公司研发的新冠灭活疫苗相继通过世界卫生组织紧急使用认证并列入紧急使用清单，扩大了世界卫生组织主导的"新冠肺炎疫苗实施计划"（COVAX）组合的疫苗库名单，有助于葡语国家加快对新冠疫苗的监管审批。葡语国家在欧盟、非盟、金砖国家等区域性组织中也发挥了积极作用，中国与葡语国家在合作抗疫领域拓展形成了多边、多元、多层次抗疫合作机制，形成应对疫情的强大国际合力。

（二）深化中国与葡语国家新冠肺炎疫情科研交流合作

深入推进多种技术路线疫苗研发。疫苗是人类主动防御传染病的"利器"。当前，中国已有21个新冠疫苗进入临床试验阶段，有4个疫苗在国内获批附条件上市，3个疫苗在国内获批紧急使用，8个疫苗在国外获批开展Ⅲ期临床试验，1个mRNA疫苗在国外获伦理批准，实现了境外临床试验灭活疫苗、重组蛋白疫苗、腺病毒载体疫苗、核酸疫苗技术路线的全面覆盖。① 在葡

---

① 《中国新冠疫苗"为什么能"？——新华社记者专访国家卫生健康委副主任曾益新》，新华网，2021年6月6日，http://www.gov.cn/xinwen/2021-06/07/content_5615831.htm。

语国家特别是在巴西的支持下，我国开展了多款新冠疫苗境外Ⅱ期和Ⅲ期临床试验，为新冠疫苗获批上市或紧急使用提供了有效支撑。然而，全球新冠病毒疫情加速蔓延，新冠病毒不断变异，尤其是德尔塔变异毒株的持续扩散，导致全球新冠肺炎确诊病例连续增加，死亡病例也在连续上升，疫情防控呈现长期性、复杂性和不确定性。面对新的疫情形势，需要加强与包括葡语国家在内的科研机构、科研工作者沟通交流，深化国际合作，加大新冠疫苗的研发力度，推出更多款更具安全性和有效性的新冠疫苗。

（三）推进中国与葡语国家更高层次、更多领域全方位合作，促进经济社会高质量发展

深入推进中国与葡语国家"一带一路"倡议框架下合作。"一带一路"倡议受到葡语国家积极支持与响应，中国与葡语国家共签署了9份"一带一路"合作框架协议，葡萄牙、巴西、东帝汶3个国家先后加入了亚洲基础设施投资银行。[①] 在"一带一路"合作框架下，中国与葡语国家双边经贸往来内容丰富、形式多样，受疫情影响较小：2020年，中国与葡语国家的贸易额仍达到1450多亿美元，同比仅下降2.98%；[②] 2021年1月至5月，中国与葡语国家商品贸易总额为714亿美元，同比增长近四成。[③] "一带一路"倡议也促进了中国与葡语国家民心相通，中国与葡语国家民众在共同抗击新冠肺炎疫情过程中守望相助，民间合作交流进一步加深。在疫情防控常态化背景下，中国与葡语国家应继续推进在"一带一路"框架内各领域务实合作，推动基础设施、能源、数字经济、海洋、科技、卫生等重点领域的合作，加强宏观经济政策协调，共同维护全球产业链供应链的稳定、

---

① 万东方：《中国与葡语国家"一带一路"合作现状研究》，载尚雪娇、丁浩主编《中国与葡语国家合作发展报告（2020）》，社会科学文献出版社，2020。
② 《疫情之下，中国与葡语国家经贸合作逆势发展》，人民网，2021年3月3日，http://world.people.com.cn/n1/2021/0303/c1002-32041532.html。
③ 《国际基建论坛探讨促进中国与葡语国家共建"一带一路"》，中国新闻网，2021年7月23日，http://www.chinanews.com/gn/2021/07-23/9526771.shtml。

安全与畅通，实现经济逐步恢复，民众生活稳步提升。

以澳门特别行政区为桥梁，深入推进中国与葡语国家全方位高层次合作。澳门特别行政区与葡语国家和地区有着传统而紧密的关系，在中国与葡语国家经贸合作日益密切的背景下，澳门特别行政区以其语言、制度和营商环境等优势成为双方更高层次、更多领域合作的黏合剂。《中华人民共和国国民经济和社会发展第十四个五年规划和 2035 年远景目标纲要》《粤港澳大湾区发展规划纲要》等纲领性文件赋予澳门特别行政区新的历史使命。澳门特别行政区将发挥与葡语国家的联系优势，着力打造"一中心，一平台，一基地"，①丰富世界旅游休闲中心内涵，扩展中国与葡语国家商贸合作服务平台功能，打造以中华文化为主流、多元文化共存的交流合作基地，为内地和香港企业与葡语国家之间经贸、金融、人文及科技交流等全方位、高层次交流合作搭建桥梁、提供平台，发挥作用。

四　结语

新冠肺炎疫情在全球范围快速蔓延扩散，给包括中国和葡语国家在内的世界各国民众的生命安全和身体健康造成损害，给世界各国经济社会发展带来严重冲击。疫情之下，地球是一个整体，没有人是一座孤岛。中国与葡语国家同舟共济，携手抗疫，在国家领导人高层沟通、疫情防控、疫苗和药物研发、抗疫物资生产和销售等方面进行了双多边合作，取得了疫情防控阶段性胜利，维护了人民生命安全和身体健，巩固了中国与葡语国家之间的深厚友谊。

2021 年，疫情的阴云还没完全消散，新冠肺炎病毒不断变异，传播速度更快、更具传染性，部分国家和地区经历了疫情反弹，多项疫情指标创下新高，新冠肺炎疫情的影响仍将持续一段时期。展望未来，中国与葡语

---

① "一中心，一平台，一基地"是指世界旅游休闲中心，中国与葡语国家商贸合作服务平台，以中华文化为主流、多元文化共存的交流合作基地。

国家应秉持人类命运共同体理念，进一步完善疫情防控合作机制，深化新冠肺炎疫情防控科研交流合作，推进更高层次、更多领域全方位合作，促进经济社会高质量发展，构建人类卫生健康共同体，助力世界早日走出疫情阴霾。

A.8
在华葡语社群对中国文化的
认知与印象分析

陈一慧[*]

摘　要： 加强中国文化形象传播是展示中国文化软实力、推动中国
文化走出去的重要举措。在华葡语国家民众对中国文化有
切身体验，也能发挥向葡语国家传播中国文化形象的中介
作用。本报告旨在探究在华葡语社群对中国文化的整体印
象、认知情况和认知渠道等，发掘该群体对中国文化认知
的特点，最后针对分析结果提出塑造良好中国文化形象的
具体建议。

关键词： 在华葡语社群　中国文化形象　文化认知　文化印象

　　在华葡语社群是我们了解葡语国家民众对中国国家文化形象认知的特
殊分析群体，他们既是外国人，又与中国文化有着直接接触和亲身体验，
对传播中国文化能发挥中介作用。本报告聚焦在华葡语社群，通过问卷，
调查该群体对中国文化的整体印象、认知情况和认知渠道等，发掘该群体
对中国文化认知的特征并提出一些针对性建议。

一　在华葡语社群对中国文化的认知与印象基本情况

　　本次调研采用问卷的形式，考虑到文化这一概念的复杂性，为使研究

---

* 陈一慧，广东外语外贸大学西方语言文化学院葡萄牙语系教师。

问题分析更有侧重，问卷设计基于杨越明、藤依舒（2017）相关调查[①]，并结合陶建杰、冯珊珊（2020）的研究分析[②]，从中国文化整体印象与接触意愿及途径、中国文化符号认知与印象、中国文化产品认知与偏好、中国价值观念认知与印象四个方面进行问卷设计。问卷分为五个部分，共包含24道选择题，2道开放性问答题。第一部分，收集受访人群的国籍、性别、年龄、受教育程度、来华时间、中文水平等基本信息。第二部分调查受访者对中国文化的整体印象、接触中国文化的途径、阻碍其了解中国文化的因素等。第三个部分主要了解受访人群对包括长城、中国春节、移动支付等在内的23种文化符号的认知与印象。第四个部分调查受访群体对包括影视、图书等在内的8种中国文化产品的喜爱度和接触度。第五个部分主要考量受测人群对12种具代表性的中国传统价值观念和现代价值观念的印象与认知。为使选项更为全面，在设置问题选项前，首先对几位在华葡语国家民众进行了采访，统计被采访者的答案，再对其答案进行归类进而设置选项。同时为避免所列举选项出现漏洞，限制受访者的思考，笔者还设置了"其他"这一空项以供补充。另外，为避免超出被试者的知识和经验范围，在涉及中国传统文化观念的六个选项"仁、恕、孝、礼、和而不同、集体主义"后面，分别注明含义。

为方便受访群体作答，问卷设计全文使用葡萄牙语，在澳门理工学院葡籍教师及巴西驻广州总领事馆官员的帮助下，于2021年5月1日至9月20日通过"葡萄牙人在中国"和"巴西人在中国"两个微信群组有针对性发放问卷，同时于 Facebook 社交网络平台"巴西人在中国"及"安哥拉人在中国"两个群组投放问卷二维码及链接。最后共回收问卷126份，其中有效问卷123份。有效受访者中，男性占56.91%，女性占43.09%，年龄段主要集中在18~50岁，来华时间超过四年的受访者接近

---

① 杨越明、藤依舒：《十国民众对中国文化符号的认知与偏好研究——〈外国人对中国文化认知与意愿〉年度大型跨国调查系列报告之一》，《对外传播》2017年第4期。

② 陶建杰、冯珊珊：《关于在华外国人中国文化认知情况的研究》，《国际传播》2020年第3期。

半数，职业包括教师、学生、公司职员、商人、外交官等，86.18%的受访者拥有本科及以上学历，中文水平整体较低，超半数的受访者不会中文或只能进行简单的日常交流。受访者来自葡萄牙（52.03%）、巴西（32.52%）、安哥拉（4.88%）、佛得角（7.32%）、圣多美和普林西比（3.25%），莫桑比克、东帝汶、几内亚比绍因在华群体过小而无人参与问卷调查。

（一）葡语社群对中国文化中的物质文化印象更为深刻

为全面了解在华葡语社群对中国文化的整体印象，本问卷首先提出开放式问题："提到中国文化，您首先想到的是什么"。此外，还设置了"提到中国文化，您的第一印象是什么""您来华前后对中国文化的印象变化""您是否经常接触中国文化""有什么因素阻碍您进一步接触了解中国文化"等问题，进一步观察目标人群对于"中国文化"的接触意愿。对问卷结果进行同义表述合并后发现，提到"中国文化"，该群体首先想到的排名在前5位的描述性认知分别是："中餐"（30次）、"历史传统"（24次）、"中国建筑"（12次）、"功夫"（5次）和"中国龙"（5次）。不难发现，该群体对中国文化中的物质文化印象更为深刻。

当问及对中国文化的第一印象时，受访群体总体倾向于正面评价，但也存在负面态度（见图1）。在对于中国文化的正面印象选项中，"历史悠久"的认同度最高，达到71.54%。中国身为一个具有五千年历史的文明古国，其深厚的文化底蕴历来饱受赞赏。而认为中国文化是"多样化的"比例为29.27%，认为中国文化是"包容的"占2.44%。在对于中国文化的负面印象选项中，认为中国文化是"保守的"的受访者比例最高，达到44.72%；认为中国文化是"过时的""难以理解"的受访者比例较少，分别为6.5%、4.88%。

本研究还对在华葡语社群与中国文化的接触密切程度及其来华前后对中国文化印象差异进行考察。数据显示，70.74%的受访人群经常接触中国文化或与中国文化有密切接触，74.8%的受访者在来中国后对中

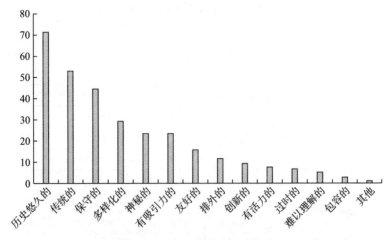

图1　"提到中国文化，您的第一印象是什么？"受访结果

国文化印象评价有所提高，趋于有好感。这表明来中国后，通过对中国的现实观察、直接体验与密切接触，该群体获得了更为正面的中国文化印象，更大程度地消除间接信息带来的刻板印象，从而产生更强的文化认同。

（二）在华葡语社群对中国文化符号认知与印象的特点

为进一步探究受访者对中国文化的多元理解和评价，我们选取了23个中国文化符号，同时设计三个不定项选择题："您是否接触过以下文化符号"、"您认为以下哪些文化符号具有代表性"以及"您喜欢以下哪些文化符号"，综合考察受访群体对于中国文化符号的认知与印象。选取的文化符号包括文化形象符号、文化生活符号、文化思想符号三种类型。文化形象符号包含地标符号和象征性符号两个二级指标，文化生活符号包括传统生活符号和现代生活符号两个二级指标，文化思想符号包括哲学思想符号和艺术符号两个二级指标（见表1）。通过统计和比较，可以发现在华葡语社群对中国文化符号的认知与印象具有以下两个特点。

表1 "文化符号认知及比较"受访结果

中国文化符号			是否接触%	是否有代表性%	是否喜欢%
文化形象符号	地标符号	长城	71.54（6）	85.37（1）	52.85（2）
		鸟巢	48.78（14）	9.76（20）	18.7（20）
		东方明珠	40.65（18）	9.76（20）	19.51（19）
		故宫	61.79（9）	48.78（8）	44.72（3）
	象征性符号	中国龙	57.72（12）	52.85（4）	33.33（9）
		大熊猫	57.72（12）	52.85（4）	36.59（7）
		孙悟空	39.84（19）	17.89（18）	24.39（15）
		兵马俑	46.34（17）	36.59（11）	40.65（6）
文化生活符号	传统生活符号	春节	81.3（3）	60.98（2）	44.72（3）
		中国食物	90.24（2）	56.91（3）	57.72（1）
		中国医药	65.04（8）	51.22（6）	42.28（5）
		茶叶	79.67（5）	45.53（9）	36.59（7）
	现代生活符号	微信	93.5（1）	33.33（13）	26.02（13）
		共享单车	59.35（11）	8.13（23）	13.82（23）
		移动支付	78.86（4）	15.45（19）	25.2（14）
		高铁	69.92（7）	9.76（20）	21.14（18）
文化思想符号	哲学思想符号	孔子	47.97（15）	38.21（10）	27.64（11）
		太极	39.84（19）	31.71（14）	21.95（17）
		佛教	47.15（16）	28.46（15）	26.83（12）
	艺术符号	汉字书法	61.79（9）	49.59（7）	33.33（9）
		瓷器	38.21（21）	26.59（17）	17.07（21）
		中国功夫	30.08（23）	26.83（16）	23.58（16）
		京剧	36.59（22）	34.96（12）	16.26（22）
均值			58.85	36.15	30.65

注：数字为百分比，括号内为排名。

1. 对中国文化符号的接触程度较高，但认知程度普遍偏低

从均值来看，在华葡语社群与中国文化符号的接触程度达58.85%，其中微信、中国食物均超过90%，而认知程度均值仅为36.15%。超过半数受访者认为具有代表性的仅有6项，分别是长城（85.37%）、春节（60.98%）、

中国食物（56.91%）、中国龙（52.85%）、大熊猫（52.85%）、中国医药（51.22%）。接触程度最高的微信仅达到33.33%的认知度，超过9项文化符号认知度低于30%。数据表明，尽管该群体与中国文化符号接触较为密切，但总体认知程度较低。

2. 文化形象符号、文化生活符号相较文化思想符号认知度更突出，传统生活符号相较现代生活符号认知度更高

在超50%认知度的文化符号中，长城、中国龙、大熊猫属于文化形象符号，春节、中国食物、中国医药属于文化生活符号。相较而言，该群体对较为抽象的中国文化思想符号的认知度不突出。此外，从调查数据可以发现，受访者更认可春节、中国食物、中国医药和茶叶这类传统生活符号，而微信、共享单车、移动支付和高铁之类的现代生活符号，尽管在信息化社会背景下该群体对其的接触度很高，但其对中国文化的代表性的被认可度还不高。在回答"关于此次调查，您有何想评论的吗？"一问中，部分受访者表示，高铁、移动支付这类符号是全世界文明进步的结果，并非中国特有的文化符号。可见尽管中国在高铁、移动支付等科技方面领跑世界，于在华葡语社群而言，这些现代生活符号尚不是他们所认知的"中国文化名片"。

（三）葡语社群对中国文化产品的接触整体不高，选择意愿较低

文化是一种抽象化的概念，而物质是其具象化载体，使之被感知、理解与接受。文化产品作为文化的重要载体和表现形式，为不同文化主体提供了交流渠道。为了解研究葡语社群对中国文化产品的认知与偏好，问卷综合选取了国外民众较为容易接触到的文化产品类型进行考察，其中包括：影视、图书、音乐制品、工艺品艺术品、文化艺术演出、高科技产品、游戏产品、文化旅游。在问卷设计中，以上述文化产品为例进行设问与测量。

调查结果表明，受访社群对中国文化产品的接触度整体不高，选择意愿更低。从现实消费行为看，文化旅游（74.80%）、高科技产品（65.04%）、影视（62.60%）是受访群体接触文化产品的主要渠道，而文化艺术演出（42.28%）、图书出版（41.46%）、游戏产品（34.96%）受众较少，少数人

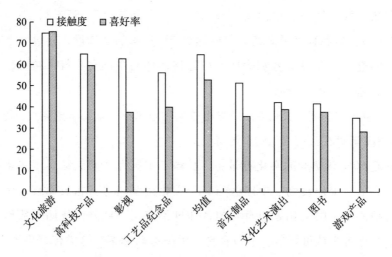

图2　"文化产品认知及偏好"受访结果

表示从未消费过。从中国文化产品的选择意愿来看，该群体的选择较为集中，仅对文化旅游（75.61%）和高科技产品（59.35%）表现出较强的兴趣，其他产品的选择人群均低于受访者的40%。由此可见，在华葡语社群对中国产品的认知度与喜好度、接触行为与接触意愿之间存在较大差异，仅文化旅游与高科技产品呈现较高的匹配度。由于文化旅游的体验性强，更容易吸引该群体并得到认可。而科技进步作为中国经济发展的"主动力"，创造了物美价廉的中国科技产品，为在华葡语社群提供了便利和良好的体验感，对该群体也具备较强吸引力。

（四）在华葡语社群对中国价值观念认知程度普遍较高

文化最核心的内容和范畴是价值观，文化认同中蕴含着价值观念认同，价值观念认同对于弘扬全人类共同价值、建设人类命运共同体具有重要作用。该部分问卷设计我们主要探索在华葡语社群对中国价值观念包括中国传统价值观念和中国当代价值观念的认知与印象，问卷分别选择了六项价值观念（见表2），并在每一项后详细解释其内涵，设置提问："您是否同意以下价值观念"，同时采用自陈式量表，受访者可根据自身理解选择对每一项的看法。

表2 "价值观念认知及印象"受访结果

（%）

价值观念指标		不认同	中立/说不清	认同	不认识
中国传统价值观念	仁	8.13	8.94	77.24	5.69
	恕	7.31	4.07	84.55	4.07
	孝	5.69	21.13	65.85	7.32
	礼	8.94	4.88	81.3	4.88
	和而不同	8.95	9.76	76.42	4.88
	集体主义	13.82	14.64	67.48	4.07
中国当代价值观念	富强	4.07	13.01	81.3	1.63
	和谐	4.07	12.2	82.93	0.81
	法治	3.26	16.26	79.68	0.81
	平等	11.38	9.76	78.05	0.81
	诚信	6.5	7.32	86.18	0
	敬业	12.2	12.19	74.8	0.81
均值		7.86	11.18	77.98	2.98

调查数据显示，在华葡语社群对中国价值观念认知程度普遍较高，说明在该群体中，中国文化价值念受到广泛认同。由表2可见，虽然教育背景、年龄阶段和文化背景各异，但平均77.98%的受访者对中国文化体现的价值观念都持认同态度，其中86.18%的受访者认同"诚信"的价值观念；84.55%的受访者认同"恕"，即"己所不欲，勿施于人"的价值理念；82.93%的受访者认同"和谐"，即"构建和谐社会"的理念。其中"集体主义"（67.48%）和"孝"（65.85%）的认同度相对较低。这与葡语国家奉行个人主义、强调子女独立于父母的家庭观念有很大关系。

二 在华葡语社群对中国文化认知特点分析

（一）对中国文化认知不够多元立体

在华葡语社群对中国文化整体印象的调查中，可发现，该群体对于中国文化的认知依然存在明显的"刻板印象"。总体可描述为，对中国文化的认知和印象，存在文化历史悠久的固化认知，基本停留在丰富的饮食文化、特色的建筑文化等物质层面。而高铁、移动支付、共享单车等现代文化符号在受访群体中尚未成为新的"中国文化名片"。

据调查，美国的可口可乐、好莱坞，日本的索尼、三宅一生属于 20 世纪出现或产生影响的文化符号，而被认为具有代表性的中国文化符号往往是长城、唐帝国这类带有历史色彩的符号。这种传统文化符号的高频出现和反复强调，造成传统文化的强传播和现代文化的弱传播，在一定程度上使国外民众认知的中国文化形象固化。

此外，通过分析可以发现，在华葡语社群对中国文化的认知集中于长城、中国春节等形象符号和生活符号，对于相对抽象的深层符号认知度相对较低。这说明文化符号对外传播存在难易差别，导致该群体对中国文化缺乏深入认知与全面理解。

（二）接触中国文化已使用途径与实际兴趣不匹配

通过对比"您曾通过何种途径接触中国文化"和"您倾向于通过何种途径接触中国文化"两个问题的调查结果，不难发现，在接触中国文化的过程中，该群体曾使用过的渠道与实际兴趣之间存在较大差异。在受访对象表现出较大兴趣的旅游（70.73%）、人际（61.79%）和文化活动（55.8%）方面，实际使用过的比例分别仅为 56.1%、25.2% 和 41.46%，呈现出明显落差。而反之，在网络（60.98%）、演出展览（50.41%）和电视（32.52%）方面，尽管相较其他途径有较高的使用比例，反而呈现出比较低的兴趣度，分别为 34.15%、25.2% 和 4.63%。实际上这一现象的原因在问卷的另一个问题中可找到答案。在"哪些因素阻碍了您进一步接触中国文化"一问中，受访者表示，中文水平低（56.1%）、人际接触少（21.95%）以及文化差异大（20.33%）是最主要原因。尽管该群体在旅游、人际交往、参加文化活动等渠道上展现出较大的兴趣，但语言不通、文化差异可能对其产生阻力，同时也可能导致网络、演出展览和电视节目等渠道所展示的内容对该群体缺乏吸引力。

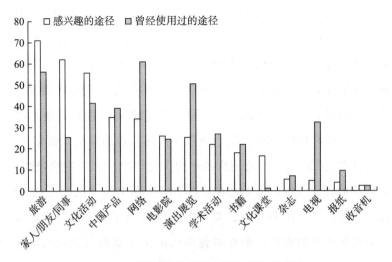

图3 "中国文化接触途径"访问结果

在问卷最后的开放性问题中，有受访者表示，"中国和巴西人与人打交道的方式不同，做生意的方式不一样，消费观念也存在差异，这让我在刚来中国的时候非常难以适应"，"中国人非常害羞，所以我来中国后很难交中国朋友，也没什么机会了解中国文化"，文化差异对文化交流造成一定阻碍，而语言障碍也导致该群体不愿跳出原本所在语言群体的舒适圈，阻碍两种文化间的交流，进一步阻碍该群体对中国文化产生认同感。与此同时，中国文化仍面临着传播渠道单一、形式老旧的现实问题。

此外，值得注意的是，有意愿通过杂志（5.69%）、电视（4.63%）、报纸（4.07%）和收音机（2.44%）等新闻媒体渠道接触了解中国文化的受众数量远低于其他渠道，一方面因为传统媒体的影响力式微，受众吸引力下降，另一方面也说明中国的媒体话语权仍有待提高。

（三）对中国文化产品喜好类型单一，接触行为与接触意愿存在差距

如图2所示，从现实消费行为看，选择文化旅游（74.8%）、高科技产品（65.04%）、影视（62.60%）和音乐制品（51.22%）的调查对象均超过半数，所有文化产品接触度均值达53.60%。但通过对比受访人群对中国文化产品的接触度和喜好率，可发现，除文化旅游外，其他文化产品的喜好度均比接触度低。这表明尽管中国文化产品在受访群体中拥有一定的受众基础，该群体对其的接触行为与接触意愿不匹配，总体认同度与喜好度存在落差。同时，在选择意愿方面，除文化旅游外，选择其他产品的选择比例均低于调查群体的40%。这表明该社群感兴趣的类型比较集中且单一，这对于通过文化产品打造良好正向的中国文化印象存在一定局限性。"一带一路"倡议的提出与推广，尤其在习近平主席提出的"国之交在于民相亲，民相亲在于心相通"的推动下，更多的外国民众了解、认可中国文化，同时也带动文化产品的推广，但在华葡语国家民众受西方文化影响深刻，而长期以来中国文化产品的国际市场占有额较低，加上中国文化产品创新性以及文创产品开发不足，使得文化产品"走出去"面对较多难题。

三 提升中国文化形象在华葡语社群传播的几点建议

（一）实现"旧瓶装新酒"和"旧貌换新颜"

在传播中国文化形象的过程中，表层文化符号必须与深层文化内涵结合起来，传统文化符号必须要体现现代文化精神。即，文化符号传播需要从浅层次"信息层面"逐步过渡到深层次"思想层面"，同时在传统的基础上创造具有中国特色的当代文化符号，用现代表现形式演绎传统文化。信息与思想结合，传统与现代并存，能更充分展示中国文化的多元化和多样性，改变在华葡语国家群体对中国单一的刻板印象。对于有一定认知度的传统文化符号，由于其更有历史积淀，更具鲜明特色，具有更高的识别度和吸引力，因此要深挖其时代内涵。比如该群体比较熟知的中国饮食文化，不仅是一种生活方式，还代表了中国文化中的思维认知和价值取向。中国饮食注重平衡饮食，追求身体和食物的合宜状态，强调饮食的人际调和功能，充分体现了"求和"的文化内涵。应该要着重传播饮食文化中蕴含的团结、交融、和谐的群体意识和文化精神，这与当代中国提出的"建设和谐社会"的理念相通，能让在华葡语社群充分理解中国对和谐社会的追求，使其成为一个有活性、具特色、有时代意义的媒介符号，充分发挥其对建设现代、积极的中国文化形象的作用。例如在葡语国家民众聚居社区组织观看央视美食类纪录片《舌尖上的中国》，在呈现中国饮食文化之美的同时，让受众了解中国的文化传统和社会变迁，传递人与自然和谐相处、中国社会的和谐共生的中国文化价值观念，让该群体感受中国现代精神魅力。

（二）创新建构渠道，拓展传播主体，丰富载体内涵

从文化形象建构渠道来说，互联网具有即时、互动、易达、海量信息、覆盖面广等特性，能打破国界时空限制，形成强大传播声势。问卷调查结果显示，网络已经成为在华葡语社群了解中国文化的最主要渠道，但在内容上没有对该群体产生相匹配的吸引力。要以互联网传播为新抓手，注重互联网文化传播平台的建设，不是简单地将中文版页面翻译为葡语版页面，而是要增强互联网渠道中中国文化内容的多元展示，增强平台的互动性和趣味性。比如在社交媒体时代，在新媒体平台浏览信息、点赞、转发、评论成为当今网民常态化线上互动方式。调查表明，微信（66.1%）是外国受众使用率最高的中国社交媒体，针对在华葡语社群使用频率相当高的微信平台，应加强对外传播微信公众号运营，打造满足多信息需求的中葡双语公众号。① 除官方正式的新闻报道外，投放更有创意和温度的内容，从受众的"求知""求新"心理出发，提供中国风景、文学、艺术等多类别的资讯，通过时下年轻人喜爱的潮流方式，呈现中国丰富的文化元素、真实的文化氛围、精彩的文化生活，充分展现中国的文化软实力，打造生动立体的中国形象，促进文化共识。要避免单一的资讯分类，减少对多元传播的阻隔，还可增加对在华外国人管理服务的信息功能，提高平台实用性，增强用户黏性。

---

① 杨凯、唐佳梅：《精准对外传播视角下国际受众的历时性研究——基于对广州外国人媒介使用和信息需求的连续调查》，《现代传播》（中国传媒大学学报）2018年第6期。

与此同时，以互联网为基础，打造传统渠道与新兴手段结合、线上宣传与线下推广相结合的复合型文化传播模式，改变文化推广、体验与消费方式。通过网络平台实现中国影视在线观看、图书杂志阅读购买、文化课堂线上参与，宣介文化活动、文化演出展览，扩大信息覆盖面，吸引更多在华葡语国家民众现场参与。同时借助互联网交互渠道，深入了解该群体的文化认知偏好，形成反馈互动机制，更好地满足其阅读等相关需求，讲好中国故事，展现好中国形象。此外，对于在华葡语社群较感兴趣的演出展览和电视节目，一方面可以打造用葡语叙事的精品展出、节目、频道，打破语言壁垒，另一方面可以通过日常生活维度的、有人情味的故事激发共通情感，加深文化认同。

从文化形象传播主体来说，要实现"内外兼修"，"对内要形成向心力和凝聚力，对外则要产生亲和力和感召力"。[①] 调查结果显示，亲戚、朋友、工作伙伴是在华葡语社群选择了解中国文化的重要方式，可见人际传播直接影响该群体对中国文化的认知与印象，这也意味着每一个中国公民都有可能通过人际传播渠道影响该群体，尤其要重视青少年群体的传播力。党的十九届四中全会指出，必须坚定文化自信，更好构筑中国精神、中国价值、中国力量。要增强中国青少年的文化自信，加强对其国家文化形象意识的培养，加强理论引导，把国家文化形象意识转化为社会公共意识，让思政走进校园，让中国优秀传统文化、让中国当代主流价值文化走进课堂，培养有文化自信、良好文化价值观的人才。此外，要重视葡语人才培养，注重培养葡语学生的跨文化交际意识和能力。利用其语言上的优势，向葡语国家"阐释中国特色"，讲好中国故事。这样，通过"民间外交"的方式，在日常交流中展示中国文化，让更多中国民众成为中国文化形象的"宣传大使"。

此外，对外要充分利用在华葡语国家留学生对中国文化的正面推广作用。留学生作为能够充分接触中国文化的群体，对中国文化更易产生情感上的亲近感，同时又与在华葡语社群中其他群体具有同质文化背景，能发

---

① 于平：《国家文化形象建构的自觉、自信和自强》，《艺术百家》2011 年第 5 期。

挥传播中国文化的桥梁作用。引导留学生将对中国文化的感性认识转化为传播文化的实际行动,比如2018~2019年上海交通大学主办的"我眼中的中国——首届在华留学生短视频大赛",结合文化课堂与文化活动,借助新兴媒介,开辟"文化第二课堂",为留学生创造参与中国文化传播的实践活动。此外,推动举办该群体与中国民众的人际交流活动,借由一切有效触点加强文化沟通与交流。尤其要注重培养葡语国家中文人才,更加重视中文教育推广,拓展多元化讲述主体,如通过"汉语桥"、汉语水平考试(HSK)激发外国民众学习中文的热情。面向在华葡语社区推广中文兴趣课堂,为在华葡语务工人员子女入读中文学校提供便利等。通过培养中国的葡语人才及葡语国家的中文人才,充分发挥人才作为传播中国文化形象的载体作用,尽可能扫除文化传播的障碍。通过他们对中国文化最直观真实的亲身感受,讲好"一带一路"建设中的文化故事,向在华葡语社群传达更积极正向的中国文化形象,真正实现民心相通。

从文化形象物质载体来说,文化旅游是在华葡语社群接触中国文化的主要渠道。"影响形象形成的途径主要有两个:亲身体验和媒介传播"[1],文化旅游这种体验方式让切身体会、真实感受成为可能,同时,这种沉浸式体验不再是文化的单向输出,而是双向的跨文化交流和情感沟通。因此,要整合文化资源,打造文化地标,深挖文化旅游对文化形象的传播功能,强调创新形式和挖掘内涵相结合。在形式上,加强文化旅游的丰富性和体验感,完善旅游区的葡语展览、讲解等功能,开发更具当代审美价值和创意设计感受的文创产品,开通文化亲身体验项目,实现在华葡语国家民众在文化旅游中的深度体验。在内涵上,发展弘扬中国优秀文化的旅游产品,用"中国创造"的产品展示中国文化魅力,讲好中国故事,促进文化理解和认同。

(三)用共通促理解,用共识铸桥梁

在华葡语社群对中国价值观念表现出普遍较高的认可度,正是因为无

---

[1] 聂树江:《国际传播如何讲好中国故事》,《新闻战线》2016年第23期。

论是中国传统价值观念中的"恕""礼"，还是当代价值观念中的"诚信"
"和谐社会"，都是符合处理好国际关系、维护全人类共同利益、构建和谐
社会需求的"黄金法则"，符合世界人民的追求与利益。"对人生命的珍视、
对共同未来的关怀、对真善美的追求、对人与人之间以及人与自然之间和
谐发展的审视等等，是所有文化的共有'基因'"。① 而"孝""集体主义"
等具有浓厚中国哲学色彩的传统文化观念，则与葡语国家民众固有的价值
观念有差异，不可否认存在一定的价值观念矛盾和传播难度。这要求我们
一方面要求同存异，通过传播对象理解、认同与接受的中国价值观念，借
由双方文化价值观念的共通性，采取在华葡语国家群体易于接受的方式，
解码、传播中国文化，寻求"文明对话"，促进文化共识，促成多元文化相
融，展现良好积极的中国文化形象。另一方面，增强文化自信，深挖中国
传统价值观念内涵，采用国际化叙事方式进行传播。如每年的春节，数十
亿中国人东西南北大迁移，即使一票难求，仍不远千里奔赴家乡，为的就
是在除夕夜与家人团圆。当代人的现实生活，来自对家人的思念、对故土
的眷顾，正是中国传统价值观念的时代体现，也符合葡语中常说的
"saudade"②，与该群体身处异国他乡、思念故土亲人的心境不谋而合。从
该群体的角度解读这种现象，通过微观叙事传递这一价值观念，找到共通
的"世界语言"，能更大程度地发掘中国民众与在华葡语群体之间的价值观
公约数。

四 结语

本报告通过调查问卷，从文化符号、文化产品、价值观念等多方面探
寻在华葡语社群对中国文化的印象，分析该群体对中国文化认知存在的特
点，进而提出针对性建议，如用表层文化符号传递核心价值观念、用传统

---

① 县祥：《当代中国国家形象构建研究》，博士学位论文，西南财经大学，2011，第84页。
② saudade，被称为葡语中最美丽的词语之一，意为"思念"，常用于表达思念亲人、爱人和
家乡。

文化符号传递现代文化精神、创新互联网渠道打造可视化文化传播平台、借助中国青少年群体及在华葡语国家留学生群体的力量讲好"中国故事"、加强文化旅游的外宣功能等。建构中国文化形象，不仅需要对文化的保护与传承，还需要对文化的创新与传播，从多个方面打造立体、多元的中国文化形象。需要依靠政府引导、学校推动、社会支持、个人践行等各方力量共同努力，尤其青年群体，作为"民相亲"的重要力量，活跃在网络空间，对于社会舆论认知、文化形象构建可以发挥重要作用。在之后的研究中，我们可以深入了解葡语国家青年群体对中国文化的认知，探究中国与葡语国家青年群体开展有效对话的现实路径，找到针对性措施，充分发挥葡语国家青年在中国文化传播中作用。

世界需要的不仅仅是一个经济崛起的中国，还是一个文化多元的中国。而中国也需要良好的文化形象展示自我，加强国际交流与对话，为国家经济形象、政治形象、外交形象提供精神支撑。在葡语国家中国文化形象的建构上我们已经取得了一定的成果，但还需继续努力，增强文化自觉、坚定文化自信、挖掘文化内涵、创新文化理念、铸造文化共识，从而促进文化认知、消除文化偏见、达成文化认同，构建与中国经济实力、国际地位相匹配的文化形象，扩大国际影响力。

A.9
21世纪以来中国—巴西医疗卫生合作*

王若瞳**

摘　要： 本报告通过对中国—巴西两国在医疗方面的合作交流进程的
梳理，对新冠肺炎疫情视野下中巴两国在应对疫情方面所达
成的合作以及未来两国在医疗合作中可能存在的机遇和挑战
进行分析。

关键词： 中巴外交　新冠肺炎疫情　医疗卫生合作

中国和巴西是世界两大发展中国家，同时也是金砖国家的成员国。从20
世纪90年代起，巴西是中国在"南南合作"中的重要国家之一。新冠肺炎疫
情暴发之后，两国在医疗方面尤其是在抗击疫情方面开展了多项合作。

一　中巴两国在医疗卫生领域的合作历史

中国、巴西两国于1974年8月15日正式建交，于1993年建立战略伙
伴关系，2012年两国关系提升为全面战略伙伴关系。中巴建立外交关系的
近五十年来，两国在政府层面和民间方面均有丰富的医疗卫生合作成果。

---

* 本报告系教育部高校国别和区域研究2020年度课题"新冠肺炎疫情视野下中国和拉美医疗卫
生合作的现状、障碍和策略研究（以巴西为例）"（课题编号:2020 - G60）的阶段性成果。
** 王若瞳，天津外国语大学葡萄牙研究中心，研究实习员，硕士研究生，研究方向：葡语国
家国别研究，葡语教学法。

（一）政府层面

中巴两国最早的医疗卫生合作可以追溯到 20 世纪 80 年代，根据《中国改革开放新时期年鉴》记载，两国于 1983 年在巴西利亚签署了关于促进两国卫生领域的科学技术交流合作意向书。[①] 但自意向书签订后至新冠肺炎疫情出现前的几十年间，中巴两国有关医疗卫生领域的交集多为交流互换经验。直到 21 世纪初，中国和巴西在卫生领域方面的合作只停留在倡议层面，在两国政府之间几乎没有实质性的行动。

2009 年，时任巴西卫生部长滕波朗出访北京。此后，中巴两国的卫生领域合作开始取得明显进展。在滕波朗出访期间，两国卫生部长均表示两国将制订一项卫生领域合作文书。2011 年，两国签署了《卫生共同行动计划》，在该文书中规划了未来四年两国在卫生部门如何展开合作，并将"传染病的控制"一项列为两国卫生合作的优先事项。

2014 年，时任中国国家发展和改革委员会副主任孙志刚访问巴西，就如何为国民提供医疗服务与巴西卫生部交流经验。考虑到中国政府想要了解巴西如何实施国内统一医疗体系[②]（SUS）的经验，巴西政府分别展示了几个特色项目：例如"Mais Médicos"（"更多医生"）计划，用以鼓励国内外医生到巴西更加偏远、贫困和缺乏医生的地方去工作；"Farmácia Popular"（"公民药店"）计划，对于一些规定范围内的药品由全国约 8 万个药店供应，药品所需费用个人仅需支付 10%，政府承担 90%，高血压、糖尿病和哮喘所需药品则免费供应；"急救点"（UPAs）的建立也是 SUS 体系中非常重要的一项，联邦政府按照人口规模不同设定急救点，由各城市的医疗协调中心负责急救点的日常管理和协调。

2015 年 5 月，中国国务院总理李克强访问巴西并会见了巴西总统迪尔

[①] 该交流合作意向书规定，两国将在中草药、针灸、医治癌症、对热带病的调查等医疗卫生技术方面进行合作。

[②] 巴西的 SUS 体系是全球最大的公立医疗体系，该体系中有 6 个项目（即家庭医疗、疫苗、HIV 管控、器官移植、丙肝防治及烟草控制）在 WHO 大会中被称作"世界典范"。

玛·罗塞夫。会谈后，李克强和罗塞夫共同签署了《中华人民共和国政府与巴西联邦共和国政府 2015 年至 2021 年共同行动计划》。双方根据此文书以及于 2011 年所签署的《卫生共同行动计划》展开了双边对话和经验交流，两国政府在会谈中重申了对推进卫生领域合作的承诺并提出将在未来两年或以上的时间内设立中巴高委会"卫生分委会"，并将其作为中巴高委会的十二个二级委员会之一，为今后两国在医疗卫生领域的合作做出贡献。

2017 年 11 月，由巴西卫生部、世界肝炎联盟（WHA）和世界卫生组织（WHO）联合主办的世界肝炎峰会在巴西圣保罗举行。峰会期间，第一届中巴高委会卫生分委会举行第一次会议，时任中国卫生部副部长王国强和巴西卫生部长里卡多·巴罗思参加了此次会议。会议中讨论了两国在医疗健康以及其他相关领域的合作前景，例如医疗研究、医药研发、中国传统医学在巴西的传播、流行疾病的防控、金砖国家医疗卫生、抗生素耐药性以及埃及伊蚊的防治措施，等等。此外，两国代表在会议上还签署了卫生分委会的职权范围文书并明确了该委员会的运行机制，中国疾病预防控制中心（CDC）还与巴西 Oswaldo Cruz 基金会①签署了合作文件，两机构的合作旨在促进流行疾病的防控并针对伊蚊的防治进行创新研究。随着中巴高委会卫生分委会的建立，两国通过这一高层论坛平台制定了推进实际合作活动议程的相应计划，中巴两国在卫生领域的合作达到了一个新的高度。与此同时，性传播疾病的防治也是中巴两国医疗卫生领域的合作重点，巴西政府一直以来致力于加强预防性疾病的感染和传播。治疗性疾病的主要药品青霉素（或译为"盘尼西林"）已被世界卫生组织列为易受供应危机影响的药物之一，而中国是青霉素这类抗生素的全球主要供应来源国。因此，巴西政府非常希望从中国市场大量采购青霉素用于国内的性疾病治疗。

在医疗研究和发展方面，巴西政府在和中国展开流行病防治领域（包括过去几年肆虐巴西的寨卡病毒、登革热和基孔肯雅热以及在中国也曾出

---

① 亦称为"Fiocruz"基金会，是一家国家生物科学研发机构，与巴西卫生部有密切联系。该机构由 Oswaldo Cruz 医生于 1900 年创立，位于里约热内卢州。目前该机构是拉丁美洲最重要的生物科学机构，为公共卫生领域的研究提供重要参考依据。

现病例的 H7N9 型禽流感等）的合作表现出极大兴趣。中国政府也表示愿意与巴西交流和学习在热带病管理和预防流行病方面的经验。在推广中医药方面，2006 年，巴西卫生部特别颁发了 971 法案，将传统中医学纳入国内SUS 体系，其中包括针灸、中草药、耳穴疗法和去风疗法等；2017 年，通过 SUS 体系就医的巴西国民使用上述中医疗法进行治疗累积达 140 万次；2018 年，巴西又将另外 10 种中医疗法纳入 SUS 体系，截至目前 SUS 体系中共有 29 种中医疗法。巴西政府表示愿意与中国政府就中医药在巴西的传播推广以及专业中医技术人员培养方面进行合作。

在金砖国家框架下，2017 年 7 月"金砖国家卫生部长会暨传统医药高级别会议"成功举办之后，2017 年 9 月 4 日，金砖国家领导人（中国国家主席习近平、巴西总统特梅尔、俄罗斯总统普京、南非总统祖马、印度总理莫迪）在中国福建省厦门市签署《金砖国家领导人厦门宣言》。宣言中提到，"我们同意加强金砖国家在全球卫生治理中的作用，特别是在世界卫生组织和联合国机构中的作用，通过研发提高创新型医疗产品的普及性，并通过促进卫生系统与卫生融资，提高可负担的、有质量的、有效的、安全的药物、疫苗、诊断和其他医药产品和技术及医疗服务的可及性。我们同意完善应对埃博拉、艾滋病、结核病、疟疾等传染病以及非传染性疾病的监控能力和医疗服务，鼓励更多利用信息通信技术来提高公共卫生服务水平。我们欢迎金砖国家卫生部长会暨传统医药高级别会议取得积极成果，赞赏建立传统医药交流合作长效机制，以促进传统医药互学互鉴和传承"。

（二）民间层面

自 20 世纪 70 年代以来，世界卫生组织鼓励加入联合国组织的国家将中国传统医学纳入其国家公共卫生系统之中。在 2006 年，随着巴西国家卫生政策的不断完善，针灸被纳入巴西统一医疗体系。

早在 1983 年，圣保罗就成立了"南美针灸学会"，该学会于 1987 年 11月 22 日加入世界针灸学会，并批准成为该学会的创始成员之一。南美针灸学会于 1998 年正式更名为巴西中医针灸学会，是世界针灸学会认证的巴西第一家中医药实体机构。

近年来，随着中巴两国的合作交流层次不断加深，中医药在巴西的知名度也愈来愈高。2019 年 9 月，由巴西达明公司与甘肃中医药大学附属医院联合成立的"巴西中医药诊疗培训基地"在圣保罗州成立，多位中医名家受邀前来巴西执业，使当地民众有机会享受到优质的中医诊疗服务。

2019 年 10 月 25 日，中国国家主席习近平同来华进行国事访问的巴西总统博索纳罗在人民大会堂进行了会谈。会谈结束后，两国元首共同见证了多项双边合作文件的签署，现场宣布将成立巴西戈亚斯联邦大学（UFG）中医孔子学院。

巴西目前设有孔子学院共十家，但 UFG 大学孔子学院是其中第一家也是唯一一家中医孔子学院，该孔院不仅开设中文课程，也开设了一系列中医课程。目前，该孔子学院的老师除了在孔院的教学工作之外，也会在 UFG 大学的文学院讲授初级中文课程，以及在 UFG 大学的护理学院开展有关针灸的医疗实践教学：护理学院设有 2 个推拿专业班级，学生均为来自护理学院的教师和研究生，课程主要关于推拿的手法及简要的诊疗方法，学生们对推拿表现出浓厚兴趣。除此之外，孔子学院的老师还会为 UFG 大学的教职工进行每周一次的诊疗活动，并借此机会向教职工们普及传统中医药知识，让教职工们有机会体验推拿、针灸等中医特色诊疗方式。未来，UFG 大学计划以和河北中医学院的合作为基础，开展一系列中医相关专业和课程。

二 中巴两国合作应对新冠肺炎疫情

新冠肺炎疫情席卷全球，拉美国家在此次疫情中也受到了极大影响，据巴西卫生部官方数据统计，截至 2021 年 12 月 12 日，巴西新冠肺炎病例累积确诊人数已突破 2220 万，成为继美国之后的全球疫情"新震中"。

巴西乃至整个拉丁美洲和加勒比地区在基础设施和工业等各部门的发展方面一直都存在结构性挑战，新冠肺炎疫情又加重了拉美地区的卫生健康危机。① 在这种情况下，加强与中国在卫生方面尤其是应对疫情方面的合作会为巴西以及整个拉美地区带来产业复苏的机会，通过中巴合作提高巴西本国应对疫情的综合能力。

（一）巴西政府就中国援助物资多次发声感谢

2021 年 1 月 20 日，巴西 6 个反对党（包括 PT、PSB、PDT、Polo、PC do B 和 Rede Sustentabilidade）共同致函中国驻巴西大使杨万明，感谢中国政府在巴西抗击新冠肺炎疫情上给予的支持。信函中肯定了中国为巴西所提供的抗疫物资尤其是克尔来福疫苗对巴西应对当前疫情至关重要，"我们完全相信，中国政府将尽一切努力，确保中国公司能够履行与巴西机构，如布坦坦研究所和 Fiocruz 签订的合同中的承诺，这将使我国人民能够在更短的时间内获得免疫接种。"②

2021 年 3 月 8 日，巴西众议院议长里拉通过电话会议向杨万明大使表示，"在这个严峻的时刻，巴西人民正处于极度危难的境地，我请求中国伙伴能够从友好、人道、支持的角度提供口罩、疫苗以及药物等物资支持，帮助我们战胜此次疫情"。③ 杨万明大使表示，中方愿同巴方一道，继续加强两国抗疫及疫苗合作。

2021 年 9 月 9 日，博索纳罗在出席金砖国家领导人第十三次会晤时特别强调，"中国在为巴西应对 COVID-19 方面做出了重要贡献，提供了口罩等防疫物资以及防治该疾病的疫苗……这种（中巴两国）伙伴关系已被证明对巴西的大流行病管理至关重要，因为提供给巴西人民的疫苗有很大一

① Alonso Maximiliano, "Ante la COVID – 19: la banca para el desarrollo y la nueva normalidad en América Latina", Análisis Carolina, 26/01/2021. Disponível em: https://www.fundacioncarolina. es/ante-la-covid-19-la-banca-para-el-desarrollo-y-la-nueva-normalidad-en-america-latina/.

② Em carta a embaixador, oposição agradece China por apoio no combate à pandemia (poder360. com. br).

③ Rodrigues, "Em carta a embaixador, presidente da Câmara dos Deputados pede ajuda à China para acelerar vacinação", Notícias Góias, Março de 2021, https://noticiasgoias.com.br/noticia/titulo? titulo = em-carta-a-embaixador—presidente-da-c-mara-dos-deputados-pede-ajuda—china-para-acel-erar-vacina—o&id = 5149.

部分是由中国生产的。"①

（二）巴西投入使用克尔来福疫苗

2021 年 1 月 7 日，巴西国家卫生监督局（ANVISA）宣布与布坦坦研究所签署一项采购合同，计划购买该机构与北京科兴中维生物技术有限公司（简称"科兴中维"）合作生产的针对 COVID-19 的 1 亿剂克尔来福疫苗。ANVISA 对外宣布已与布坦坦研究所举行了一系列会议，目的在于交流有关克尔来福疫苗接种的重要信息，接种指导以及澄清技术问题等。当时，布坦坦研究所发布声明称克尔来福疫苗的保护效力为 78%。卫生部长爱德华多·帕祖洛于 1 月 7 日接受采访时表示，目前针对克尔来福疫苗的采购计划正在顺利推进，并且卫生部将与布坦坦研究所就疫苗的接种工作进行商讨。

2021 年 4 月 11 日，布坦坦研究所公布了克尔来福疫苗在巴西的Ⅲ期临床试验结果，将该疫苗对含不需就医的轻症病例在内新冠肺炎病例的保护效力由 2021 年 1 月份的 50.38% 修正为 50.7%，对有明显症状且需就医的新冠病例的保护效力也从 1 月的 78% 修正为 87%。

（三）巴西政府已批准四川三叶草生物新冠疫苗在巴西的临床试验

2021 年 4 月 16 日，ANVISA 宣布了一项针对 COVID-19 疫苗的新一轮临床试验。该疫苗由中国四川三叶草生物制药公司（简称"三叶草生物"）研发，分为两针剂，接种间隔为 22 天，此次临床试验旨在测试该疫苗对于 18 岁以上接种志愿者的免疫性和安全性。据 ANVISA 发布的报告称，巴西将有来自南里奥格兰德州、北里奥格兰德州及里约热内卢州的大约 12100 名疫苗接种志愿者参与到此次临床试验中。

ANVISA 为了批准此项临床试验，此前曾多次就调整试验所需的相应技术要求等方面与三叶草生物的制药团队举行会议。ANVISA 在报告中提

---

① Bolsonaro diz que relação com China é essencial no combate à pandemia（correiobraziliense.com.br）.

到，自从 COVID-19 病毒进入巴西境内并在短时间内呈现出暴发态势之后，ANVISA 就致力于采取各种策略和措施来加快控制 COVID-19 病毒的进一步传播。"其中一项策略就是建立一个评估委员会来进行临床研究，记录和注册能够预防或治疗新冠病毒的药物。"① 为此，ANVISA 充分研究了三叶草生物所研发疫苗的前期数据，包括该疫苗的体外试验、动物试验以及正在进行中的临床试验的初步数据等。ANVISA 通过对上述数据的深入研究后提出三叶草生物所研发的新冠疫苗符合在巴西进行疫苗临床试验的标准。

三　中巴两国医疗卫生合作展望

新冠肺炎疫情出现以来，中巴两国有关疫情防控方面的合作（采购防疫物资、合作研发新冠疫苗等）十分频繁。未来两国在医疗卫生方面的合作依然大有可为。

（一）新冠疫苗合作

2021 年 3 月 29 日布坦坦研究所向巴西国家免疫计划②提供了另外 500 万剂克尔来福疫苗。在整个 3 月份，布坦坦已经陆续向 PNI 交付了共计 1930 万剂疫苗，较之前 1 月和 2 月两个月所提供的疫苗总量更多。目前，巴西国内针对 COVID-19 的灭活疫苗有 85% 来自布坦坦研究所，即中巴合作研发的克尔来福疫苗。据布坦坦预测，截至 4 月底，由其提供给 PNI 的疫苗总数将达到 4600 万剂。圣保罗州政府所预测的数据显示，布坦坦将在 2021 年 8 月 30 日之

---

① "Anvisa autoriza ensaio clínico de nova vacina chinesa contra a covid-19", PODER 360, 19 de Abril de 2021. https://www.poder360.com.br/coronavirus/anvisa-autoriza-ensaio-clinico-de-nova-vacina-chinesa-contra-a-covid-19/
② 巴西国家免疫计划（PNI）于 1973 年 9 月 18 日创立，自成立以来向巴西国民提供疫苗、血清以及免疫球蛋白的年剂量超过 3 亿剂，不仅有效减少了巴西民众感染天花和小儿麻痹症等疾病的风险，同时也减少了由麻疹、风疹、破伤风、白喉及百日咳所引发的死亡病例。

前再交付 5400 万剂疫苗，加上之前所提供的疫苗总计 1 亿剂。[①]

目前，巴西所使用的克尔来福疫苗是由"科兴中维"提供活性药物出口至巴西圣保罗州，由布坦坦研究所生产灭活疫苗提供给 PNI。从布坦坦所公布的数据来看，在 2021 年 2 月，科兴中维已向布坦坦研究所提供了 1.1 万升活性药物用以制作新冠疫苗。由此可见，未来随着巴西国内对新冠疫苗的大量需求，中巴两国在针对 COVID-19 的疫苗研发以及原料进口方面会展开更加密切的合作。

2021 年 4 月 15 日，巴西圣保罗州旅游厅长沦默兹和国际关系厅长赛尔逊在《巴西利亚邮报》联名发表《谢谢中国！》的署名文章，其中特别提到感谢中国在新冠肺炎大流行期间对巴西的帮助。文章中强调，"疫情之下，中国积极为世界各国提供疫苗支持，巴西能够拥有新冠疫苗，并且经济呈现贸易顺差，这归功于中巴两国的友谊。非常感谢！谢谢中国！"[②] 由此可见，未来通过两国科研机构在研发新冠疫苗领域的合作，将有助于两国外交关系达到新的高度。

（二）传统中医药推广

如前所述，早在 1983 年，圣保罗就成立了"南美针灸学会"，该学会 1998 年正式更名为巴西中医针灸学会，是经世界针灸学会认证的巴西第一家传统中医药实体机构。近年来，随着中巴两国的合作交流层次不断加深，中医药在巴西的知名度也愈来愈高。2019 年 9 月，由巴西达明公司与甘肃中医药大学附属医院联合成立的"巴西中医药诊疗培训基地"在圣保罗州成立，多位中医名家受邀前来巴西执业，使当地民众有机会享受到优质的中医诊疗服务。未来通过中国传统中医药和针灸专家在巴西的中医文化传播以及对当地医生的

---

① Cruz，"Butantan libera mais 1 milhão de doses da CoronaVac ao governo federal"，Agência Brasil，14 de Abril de 2021，https://agenciabrasil. ebc. com. br/saude/noticia/2021 – 04/butantan-libera-mais-1-milhao-de-doses-da-coronavac-ao-governo-federal.

② Lummertz & Serson，"Xiè Xiè，China：obrigado，China！"，Correio Braziliense，15 de Abril de 2021，https://www. correiobraziliense. com. br/opiniao/2021/04/4918304 – artigo—xie-xie-china-obrigado-china. html.

中医药专业培训，两国在传统中医药方面的发展拥有极大的发展空间。

（三）高等院校医疗教育合作

如前所述，戈亚斯联邦大学的中医孔子学院是中国在巴西推广传统中医药的重要平台。目前，该孔子学院的老师除了在孔院的日常教学工作之外，亦在该大学的文学院讲授初级中文课程以及在护理学院开展有关针灸的医疗实践教学。[①]

此外，天津市和葡萄牙城市塞图巴尔共建的葡萄牙鲁班工坊在中国和葡语国家在中医药方面的合作交流也做出了突出贡献。2019年5月葡萄牙塞图巴尔理工学院（IPS）院长佩德罗曾访问天津中医药大学并就两校联办针灸推拿学教育项目进展、教师培训、学生交流、学术研讨及共建"中医鲁班工坊"等事宜进行了会谈。[②] 在会谈中双方均表示，今后两校将就"中医鲁班工坊"的筹备和建立继续进行沟通。IPS院长在与天津代表团的会谈中承诺，会将鲁班工坊在IPS的成功经验分享给巴西和其他非洲葡语国家。2020年1月巴西圣卡塔琳娜联邦大学代表团到访IPS期间参观了鲁班工坊并表现出极大兴趣，为中巴两国今后创建鲁班工坊打下了基础。

（四）医疗数据共享

1900年，巴西医生奥斯瓦尔多·克鲁斯博士（1872—1917）于1900年在巴西里约热内卢州的Manguinhos区域内建立了"联邦血清疗法研究所"（Instituto Soroterápico Federal），演变为现在的奥斯瓦尔多·克鲁斯医学基金会（简称"Fiocruz基金会"），隶属于巴西卫生部。

近年来，Fiocruz基金会在国际舞台上发挥着越来越重要的作用，尤其

---

① "UFG cria o Instituto Confúcio de Medicina Tradicional Chinesa", Reitoria Digital/ UFG, Outubro de 2019. https://reitoriadigital. ufg. br/ n/121352-ufg-cria-o-instituto-confucio-de-medicina-tradicional-chinesa

② IPS早在2015年已经取得高等教育评估及认可机构（A3ES）允许，获批葡萄牙唯一一个中医针灸专业本科学位授权，并于2017年和天津中医药大学合作建立"4＋1"针灸专业双学位本科项目。

是在新冠肺炎疫情的大背景下，其网络建构策略为世界各国共同应对这一严重公共卫生问题提供了有效且及时的数据支持和医疗建议。Fiocruz基金会提出，新冠肺炎疫情这样的全球性挑战不能由单个国家或机构独自应对，而是需要各国团结、协同和协调。

未来，Fiocruz基金会的国际合作将会继续发展，巴西也将应对疫情的医疗卫生合作作为国家战略的主要方向。中国在抗疫、防疫的过程中也积累了相当多的宝贵经验，可以通过Fiocruz基金会所创立的各类研究网络平台，与其他国家分享和交流经验和数据，有助于及时应对未来可能会出现的新冠病毒变异情况。

六　结语

中国和巴西作为世界两大经济体也是金砖国家的重要成员，两国在医疗领域的合作发展拥有强大潜力。基于巴西民众对中医，特别是对针灸的浓厚兴趣，中巴两国未来在针灸疗法方面的合作前景非常广阔。并且，中医药的作用正在逐渐被全世界所看到，相信未来通过中巴两国的各大新闻媒体对中国中西医相结合的成功经验所进行的报道，巴西政府和民众会对传统中医药有全新的认知。

由此可见，中巴两国在医疗领域的合作兼具医学价值与外交价值。在新冠肺炎疫情防控的背景下，推进中医在巴西落地开花，进一步推广中国中西医相结合的成功经验，也将成为中巴民心相通的重要桥梁和纽带。中巴两国应在医疗卫生领域持续深入开展合作，共同推进卫生健康共同体建设。

A.10
澳门在中国与葡语国家人文
交流中的平台作用分析

张 翔*

摘 要： 建设"以中华文化为主流、多元文化共存的交流合作基地"
是澳门特区建设和发展的一项战略目标之一，也是发挥澳门
在中国与葡语国家人文交流中平台作用的重要定位。本报告
通过中葡文化艺术交流活动，中葡教育、学术交流及智库合
作，中葡人员培训交流及中葡防疫合作四个方面，对澳门在
2020 年中葡人文交流中的平台作用进行了分析，指出全球新
冠肺炎疫情为其带来的一些困难和挑战，最后针对更好发挥
澳门在中国与葡语国家人文交流中的平台作用提出了一些
建议。

关键词： 澳门平台 人文交流 葡语国家 "一基地"

澳门特区因其特殊的历史背景在语言文化上与葡语国家有着天然密切
的联系，形成了以中葡①交流为主的多元文化社会。自 1999 年澳门回归祖
国及 2003 年中国—葡语国家经贸合作论坛（以下简称"中葡论坛"）成立
以来，澳门在联系中国与葡语国家方面发挥了重要的平台作用，葡语国家
透过澳门进一步了解中国，中国也通过澳门不断加强与葡语国家的关系。

---

* 张翔，语言学（葡萄牙语）博士，澳门理工大学语言及翻译学院讲师。
① "中葡"一词在本报告中指中国与葡语国家，"中葡人文交流"指中国与葡语国家的人文交流。

中葡论坛作为以经贸合作与发展为主题的非政治性政府间多边合作机制，在积极开展经贸交流工作的同时，也在努力推动人文交流与合作，为进一步提升中国与葡语国家经贸合作水准，促进中国内地、葡语国家和澳门特别行政区的共同发展做出了积极努力。

2020年受全球新冠肺炎疫情的影响，中国与葡语国家在人文交流方面也面临严峻的挑战。面对新的形势，澳门密切关注疫情发展情况，牢牢把握中央政府在"十四五"规划以及《粤港澳大湾区发展规划纲要》中对其"一中心、一平台、一基地"的定位，即建设世界旅游休闲中心，中国与葡语国家商贸合作服务平台，打造以中华文化为主流、多元文化共存的交流合作基地，充分利用好"一国两制"的制度优势及资本、文化优势，积极融入国家发展大局，发挥澳门平台作用。经过多年的建设，澳门在中国与葡语国家文化交流及中葡双语人才培养等方面取得了良好进展，未来将进一步发展成中国与葡语国家间集经贸、人文有机结合的综合交流平台，向葡语国家民众讲好构建人类命运共同体的中国故事。

一 2020年中国与葡语国家人文交流中的澳门平台作用概况

2019年2月，中共中央、国务院印发《粤港澳大湾区发展规划纲要》，将澳门定位为建设"以中华文化为主流、多元文化共存的交流合作基地"。为推动这"一基地"的建设工作，进一步促进中国与葡语国家的人文交流，澳门积极发挥其平台作用，在2020年主要开展了以下几个方面的工作。

（一）举办中葡文化艺术交流活动

"中国—葡语国家文化周"由中葡论坛常设秘书处主办，是澳门作为中葡文化交流纽带的品牌系列活动，也是中国与各葡语国家多元文化会演的一大盛会。自2008年创办以来，中国—葡语国家文化周汇聚了来自中国以及多个葡语国家和地区的艺术团体、艺术家、民间艺人及文化人士，齐聚澳门特区，通过音乐舞蹈等文艺表演、绘画摄影等作品展、美食和手工艺等多种形式展示各自的文化特色，相互交流，促进了解。每年中国—葡语文化周还邀请一个中国内地的省（市）参与活动，如辽宁、贵州、广西等，通过澳门平台向葡语国家人民展示中国的多元文化。

2020 年，由于新冠肺炎疫情的影响，第十二届中国—葡语国家文化周首次以"线上 + 线下"的新形式开展，于 10 月 22 日在澳门威尼斯人会展中心 MIF 葡语国家馆启动，并在秘书处官方网站首次设置文化周专题网站。"线上为主，线下为辅"成为本届文化周的一大特点①，歌舞表演、手工艺展示、美食烹饪教学、话剧等均通过线上方式呈现，其中包括中国山东济南市的吕剧院和安哥拉、巴西、佛得角、莫桑比克等葡语国家的乐队及艺人，通过语言艺术表达、精美的传统民族工艺和独特的美食文化，彰显澳门平台共融汇聚多元文化的特色；而首个"1 + 3"展览，包括 1 个中葡论坛成果展，3 个分别来自中国澳门特区、葡萄牙和东帝汶的艺术家的作品展则以线下形式在中国与葡语国家商贸合作服务平台综合体进行。现场设有导览，以及"与艺术家交流"和"与葡语国家驻派代表有个约会"等互动环节，广受澳门社会各界欢迎，让参观者对葡语国家文化和艺术内涵有了更深刻的认识。本届文化周，中葡论坛常设秘书处不断探索创新，首次利用其官网打造文化周专题网站作为文化交流虚拟平台，播放中国内地、澳门特区与葡语国家和地区的相关文化内容视频，吸引来自中国及葡语国家逾 3.5 万人次浏览，其中"葡语国家美食烹饪教学"板块点击率最高，这说明了美食是中国与葡语国家人文交流的重要元素之一。除此之外，中葡论坛常设秘书还重点采用线上宣传，利用社交媒体及抖音等新媒体扩大宣传范围，覆盖全球 2500 万人次。② 在疫情防控常态化背景下，澳门特区积极探索新模式，成功举办第十二届中国—葡语国家文化周，充分发挥平台

---

① 《第十二届中国 - 葡语国家文化周启动仪式隆重举行》，中国与葡语国家经贸合作论坛常设秘书处辅助办公室（GASPF），2020 年 10 月 22 日。
② 《中葡文化周新模式效果显著，成功打造文化交流虚拟平台》，中国与葡语国家经贸合作论坛常设秘书处辅助办公室（GASPF），2021 年 1 月 7 日。

作用，让全球观众以多元化的形式最真切地感受并体验中葡文化，持续促进中国与葡语国家之间的人文交流与民心相通。

"葡韵嘉年华"也是澳门经典的中葡文化交流年度盛事之一，由澳门特区政府文化局主办、旅游局及市政署协办，凸显澳门是中葡文化交流的平台。2020年第23届葡韵嘉年华活动，因新冠肺炎疫情影响，活动规模相对较小。在首次未能邀请葡语国家和地区艺术团体来澳门特区的情况下，澳门葡语社群代表于10月16～18日在凼仔龙环葡韵设置特色摊位和游戏，展示了安哥拉、巴西、佛得角、几内亚比绍、果阿·达曼和第乌、莫桑比克、葡萄牙、圣多美和普林西比、东帝汶以及中国澳门地区等不同葡语国家和地区的多元文化风貌，包括音乐、摄影作品、手工艺品、特色服饰、文学书籍、地道小食及饮品，推动中国与葡语国家的多元文化交流。本届"葡韵嘉年华"在疫情下得以顺利进行，充分体现了澳门作为国家在粤港澳大湾区建设当中与葡语国家开展文化交流的重要角色，进一步丰富了"以中华文化为主流、多元文化共存的交流合作基地"的内涵。[1]

除了上述两个主要针对中国与葡语国家人文交流开展的文化艺术交流活动之外，澳门特区政府文化局等相关文化机构在2020年还举办了澳门城市艺穗节、澳门国际音乐节等国际性文化艺术活动，其中也不乏中葡文化元素，发挥出澳门在国际人文交流中的独特作用。

（二）开展中葡教育、学术交流及智库合作

教育、学术交流及智库合作是中国与葡语国家人文交流的重要内容，是推动中国与葡语国家友好可持续发展的智慧源泉。2020年，澳门作为中葡语言文化教育及学术交流的平台，以澳门各大高校及科研院所为主要力量，开展了一系列中葡教育、学术交流及智库合作方面的工作。

以澳门为平台的中葡教育及学术交流与合作主要集中在澳门各高等院校在葡萄牙语、中葡翻译、中葡法律及葡语国家研究人才的培养方面。2020

---

[1] 《葡韵嘉年华展葡文化魅力》，《澳门日报》2020年10月17日，第B02版。

年中葡教育及学术交流虽在一定程度上受到了全球新冠肺炎疫情的影响，但澳门各高校依然不断创新，积极协作，不断加深与葡语国家高等院校之间的关系，合作日趋成熟。一些课程及学术活动首次以线上的形式展开，丰富了中葡教育及学术交流的形式。此外，线上学习葡语平台及电子教材也应运而生。例如，澳门理工学院在疫情期间向公众免费推出的"理工葡萄牙语线上学习平台"，不仅提供葡语学习相关的会话、词汇等语言知识，还推出与葡语国家文化相关的内容。此外，由澳门理工学院与葡萄牙里斯本大学历经十年合作编写的全套中葡双语教材全部电子化，供广大学生及各界人士阅读、学习。这都凸显出在疫情下澳门作为中国和葡语国家人文教育交流的平台，助力推广葡萄牙语言与文化，推进澳门"国际葡萄牙语培训中心"及"中葡双语人才培养基地"的建设。

2020年，以澳门高校牵头签署的机构间合作协议及粤港澳大湾区葡语教育联盟的成立，为澳门中葡教育及学术交流平台搭建了前所未有的创新协作框架。1月21日，澳门大学携手卡蒙斯学院及东方葡萄牙学会签署合作协议，推动葡语研究发展及中国与葡语国家人文交流。① 6月8日，澳门理工学院与广东外语外贸大学、香港大学专业进修学院相聚云端，举行"粤港澳大湾区葡语教育联盟"线上签约仪式，三方代表签署了《成立"粤港澳大湾区葡语教育联盟"合作协议书》，确定了三校将从师生交流、学术及出版物交流等多个方面深入开展葡语专业教育的交流与合作。② 这一教育联盟的成立可以说是粤港澳大湾区葡语教育合作交流的新起点，是粤港澳大湾区合作框架下葡语教研领域成立的第一个联盟，助力培养更多高端中葡双语人才，为大湾区更全面、更深入地与葡语国家开展教育交流与合作、融入"一带一路"建设奏响了新序曲。

在疫情防控常态化背景下，澳门各高校博采众长，发挥自己的独特优

---

① 《澳大、卡蒙斯学院和东方葡萄牙学会签合作协议于亚太区开展葡语研究》，澳门大学中葡双语教学暨培训中心，2020年1月23日。
② 李永杰：《"粤港澳大湾区葡语教育联盟"成立》，中国社会科学网，2020年6月9日，http://ex.cssn.cn/gd/gd_rwhn/gd_dfwh/202006/t20200609_5140891.shtml。

势，保持并进一步加强与葡语国家的教育及学术交流，发挥平台作用。

澳门理工学院在中葡翻译、葡语教学领域拥有百年历史和丰富经验①，学院下设的语言及翻译高等学校、葡语教学及研究中心等学术单位在中葡翻译人才培养、葡语教师培训等方面始终与葡语国家保持密切联系，不断加强师生交流，涵盖本科、硕士、博士全方位、多层次的葡语课程体系进一步完善。值得一提的是，2020 年 11 月，由澳门理工学院语言及翻译高等学校相关学术人员组织编写的《国际汉语教程·初级篇》由商务印书馆出版，教材内容配有葡语及英语翻译，不仅可供学习者在澳门及中国其他地区的目的语环境下使用，也可用于葡萄牙、巴西、佛得角、莫桑比克、安哥拉等葡语国家及地区的非目的环境的中文教学。这部教材的出版也体现了在澳门平台的作用下，中国与葡语国家的教育交流合作将日趋成熟。虽然由于疫情影响，由葡语教学及研究中心主办的葡语教师暑期培训课程打破传统模式及时空限制，首次以线上的方式举行，为高校葡语教师提供了一个创新、互动的高效交流学习平台。通过此次线上培训课程，澳门理工学院进一步发挥葡语教研方面的优势，搭建起中国与葡语国家和地区教育交流与合作的互动平台，培养更多的高质量中葡双语人才。此外，该中心在 2020 ～ 2021 年陆续主办/参与举办了一系列线上研讨会及论坛等。如2020 年 7 月 16 日参与举办澳门理工学院"大数据时代的机器翻译、人工智能与智慧城市"专题论坛，2020 年 10 月 27 日参与举办了澳门理工学院与佛得角大学合作协议线上签约仪式，11 月 23 日至 12 月 3 日主办"中国高等教育葡语教学六十年线上研讨会"，2021 年 3 月 30 日线上同广东外语外贸大学、香港大学专业进修学院合作举办"合作·创新：2021 年粤港澳大湾区葡语教育联盟年会"，2021 年 4 月 20 日主办"粤港澳大湾区葡萄牙语与中葡学术合作线上论坛"。这些线上的教育及学术交流活动体现出澳门积极发挥中葡平台优势，推动中国与葡语国家教育及学术交流合作迈向新台

---

① 李雁莲：《中国高等院校葡萄牙语教学发展报告蓝皮书（1960 - 2020）》，澳门理工学院，2020。

阶。在葡语语言文化研究的学术刊物方面，2021 年 4 月，该中心与葡萄牙波尔图大学文学院联合出版的葡语国际学术期刊葡萄牙语的东方之路（Orientes do Português）第二期上线，为中国与葡语国家及地区的相关学者搭建起良好的学术交流平台。

澳门大学一直以来在葡语研究、中葡翻译及法律本科、硕士及博士课程培养方面注重与葡语国家的交流，助力澳门"一基地"建设。2020 年，澳门大学中葡双语教学暨培训中心在新的协议框架下，建设了"中葡双语系列专栏"网站，与卡蒙斯学院及东方葡萄牙学会携手开展了一系列学术及文化交流活动，主要包括"澳门中葡双语立法及翻译——中葡法律翻译工作坊""中国思想萃谈""名家读书会"等，通过中葡经典故事、中葡诗歌、葡语作为外语等主题，切实促进中国与葡语国家的跨文化交流，以澳门为平台，推动中国与葡语国家更广泛的人文交流与合作。

此外，澳门的私立高校也积极搭建中国与葡语国家教育交流与合作平台，尤其在葡语文化推广、葡语教育、葡语文化企业研究等方面。以澳门圣若瑟大学为例，2020～2021 年，除了加强与葡语国家的联系，还利用地处粤港澳大湾区的独特优势，参与内地与澳门高等教育展、中国国际教育展（广州）等，推动中国与葡语国家的教育交流与合作。

在智库建设及合作方面，2020 年，以澳门科技大学社会和文化研究所和澳门城市大学葡语国家研究院为代表的葡语国家智库研究影响力较为突出。5 月 13 日，在中葡论坛常设秘书处的支持下，由澳门科技大学社会和文化研究所及商务部国际经济贸易合作研究院主编的《中国与葡语国家经贸合作发展报告（2018～2019）》发布。该报告收录来自中国内地、澳门及葡语国家的 30 多位学者撰写的文章，首次以中葡双语同步发布，为澳门建设"中葡平台"提出了建设性意见。作为特色鲜明的葡语国家国别区域研究基地和智库平台，澳门城市大学葡语国家研究院在澳门高等教育基金的资助下，出版了《圣多美和普林西比：一个非洲葡语岛国》。作为一本特别关注非洲葡语岛国研究的中文专著，填补了学界对圣多美和普林西比的研究空白。此外，由广东外语外贸大学葡语国家研究所策划编撰的《中国与葡语国家合作发展报告（2020）》及对外经济贸易大学中国葡语国家研究中心编撰的《葡语国家发展报告（2020）》也不乏澳门学者的身影。

（三）搭建中葡人员培训交流平台

2020年，澳门的中葡人员培训交流依然以中葡论坛培训中心为主，开展各种人员培训及人力资源合作等活动。此外，各大高等院校的培训中心，如澳门理工学院葡语教学暨研究中心、国际葡萄牙语培训中心，澳门大学中葡双语教学暨培训中心等在中葡双语人才的培养、中国葡语师资、成人葡语继续教育方面也发挥了重要的平台作用。

2020年由于全球新冠肺炎疫情的影响，人员流动大幅减少，葡语国家和地区的人员无法来澳门和中国其他地区进行实地考察、交流，原定于该年在澳门举办的中葡论坛第六届部长级会议因此推迟，但澳门特区政府继续与商务部及论坛与会各葡语国家保持联系，迅速调整方案，创新交流方式，举办线上培训活动。因此，中葡论坛常设秘书处培训中心将自2017年以来每年一度的葡语国家传统医药研修班改为线上进行，并紧密结合中国与葡语国家抗疫形势，在粤澳合作中医药科技产业园、澳门卫生局及中国国家中医药管理局的支持下，于11月成功举办"传统医药应对疫情网络研修班"，就抗疫经验分享、传统医药抗疫等内容，邀请各方专家、一线工作人员和学员们进行线上交流和探讨。本次网络研修班是进一步落实澳门平台在中葡人员医药卫生领域培训交流的务实工作，也是推动构建中葡命运共同体、促进中葡人力资源培训中发挥澳门平台作用的切实体现。

除了转移至线上的针对葡语国家人士的传统医药研修班之外，中葡论坛常设秘书处在做好防疫的情况下也积极与澳门其他机构开展人员培训交流活动，配合澳门特区政府培养更多更优秀的中葡双语人才，进一步巩固和发挥澳门平台的作用。2020年年初，中葡论坛常设秘书处辅助办公室与澳门理工学院签署合作交流协议，定期且系统性地为该学院中葡翻译、公共行政课程学生提供交流实习机会，并于5～7月首次配合理工学院为中葡笔译暨传译硕士生开展实践培训计划，通过与葡语国家驻派代表交流、聆听翻译专题讲座、参与"第十三届中国—葡语国家文化周"展览和工作访、陪同葡语国家驻华大使等活动①，丰富学生的中葡翻译实践能力，该培训有助于为未来中国与葡语国家人文交流储备专门人才。

（四）推动中葡防疫合作

面对新冠肺炎疫情在全球范围内不断传播，各国的防疫工作不再仅仅局限于单纯的医疗方面，人文交流与合作成为全球防疫至关重要的部分。

澳门特区作为中葡平台，密切关注疫情发展情况，主要表现为以中葡论坛常设秘书处开展的四方面的工作。一是充分利用互联网资源，分享抗疫资讯，于 2020 年先后在中葡论坛官网和社交媒体转载《张文宏教授支招防控新型冠状病毒》（葡文版）知识手册，发布为葡语国家专门制作的《齐心抗疫做好防护》（葡文版）防疫宣传片，及时启动中国与葡语国家分享抗议资讯的互动平台。二是积极倡议驻澳中资企业及澳门本地商会捐赠防护物资，为葡语国家抗疫贡献一分力量。5 月至 9 月，在中葡论坛常设秘书处的倡议及组织下，常驻澳门且与葡语国家开展业务的中资企业机构陆续向葡语国家捐赠医用口罩和防护服抗疫物资，在特殊时期，推动中国与葡语国家防疫交流与合作。三是作为支持单位，与中国驻巴西大使馆、中国驻里约热内卢领事馆在 7 月至 9 月，分三期共举办 11 场以国际抗疫为主题的线上研讨互动，邀请中巴双方的专家通过视频会议就防疫专题深入交流，研究如何更好地应对疫情，包含"中西医结合抗疫""传统医药抗疫合作""科技抗疫合作""金融抗疫合作"等专场。需要特别强调的是，在 8 月 25 日，第十一场系列研讨会以"文化合作抗疫"为主题②，参会者围绕足球、音乐文化交

① 《中葡论坛积极培养人才 续提供更多实习机会》，中葡论坛常设秘书处网站，2021 年 8 月 9 日，https://www.forumchinaplp.org.mo/sc/。
② 《中葡论坛常设秘书处支持举办第十一场线上研讨会——"文化合作抗疫"专场》，中葡论坛常设秘书处网站，2020 年 8 月 25 日，https://www.forumchinaplp.org.mo/sc/permanent-secretariat-of-forum-macao-supports-the-11th-session-of-webinars-on-international-cooperation-against-covid-19cooperation-in-culture-against-covid-19 - 3/。

流与合作、体育国际合作项目以及桑巴舞国际合作机遇等议题展开讨论，推动用文化温暖抗疫，促进中国与葡语国家人文交流。四是在中葡论坛常设秘书处官方网站设立抗疫专页。中葡论坛常设秘书处与澳门特区卫生局等机构合作，分主题录制葡语版本的关于医护知识和实践的"线上公开课"，整合现有的资源，系统地与葡语国家专业人员分享抗疫期间的医护经验。

二　中国与葡语国家人文交流中澳门平台面临的挑战

2020 年，全球新冠肺炎疫情的发展给中国与葡语国家的人文交流带来了许多困难，新形势下，澳门特区平台在中国与葡语国家人文交流中也面临众多挑战。只有对这些困难和挑战有正确、客观的认识，并积极寻求解决和完善的策略和办法，才能让澳门特区平台在未来的中国与葡语国家人文交流中发挥更充分、更全面、更有效的作用。

（一）澳门平台的人文交流功能有待深化

人文交流是世界各国民心相通最基础、最关键且不可或缺的方式和内容，这与习近平主席提出的"建设人类命运共同体"、向世界人民"讲好中国故事"的理念和要求高度一致。中葡论坛在建设之初是一个中葡经贸合作论坛，近年来，逐渐开始将其工作延展到人文交流领域，慢慢变成一个包含各个层面的中国与葡语国家的合作发展平台。在新的形势下，澳门作为中国与葡语国家间关系的独特纽带和平台，虽然已经在人文交流方面开展了一系列的活动，但是对于自身的人文交流功能定位仍然不够深入，也就是说，澳门平台需要对人文交流的内涵有更加明晰的理解。在国际形势风云变幻的疫情防控常态化背景，只有深入的人文交流，深刻的民心相通，才能有力推动包括经贸合作在内的其他方面的交流与合作可持续、稳固且长久的发展。

（二）澳门平台的人文交流内容和方式有待创新

在新冠肺炎疫情突袭而至之前，澳门作为平台的传统的中国与葡语国家人文交流方式常常以现场活动的形式开展，例如：中国—葡语国家文化周、葡语国家传统医药研修班等，中葡论坛常设秘书处邀请葡语国家相关人士前来澳门特区及中国内地进行互动交流。新冠肺炎疫情出现后，人文交流活动基本转移至线上举办，辅以线上线下结合的方式。从内容上来看，目前，人文交流基本局限于歌舞艺术、中葡教育等方面，有待进一步丰富和探索；从形式上来看，依然有待进一步跟进全球数字人文时代的趋势，利用好网络技术的优势，进一步完善并创新交流方式。

（三）中葡双语人才培养的多元化视野有待拓宽

澳门在中葡双语人才培养方面及其相关的教学研究、智库建设上仍缺乏一定的多元化视野，相关人员对葡萄牙语本身的多元、多中心性缺乏足够的认识，对葡语国家的多元文化仍缺乏全面且深入的了解，具体表现为澳门的葡萄牙语学习者，主要学习欧洲葡萄牙语（以下简称"欧葡"）①，接触其他葡语变体（如巴西葡萄牙语及非洲葡语国家的葡萄牙语等）的机会少得多，一是在本科课程或培训课程的课堂学习方面，虽然设有"葡语国家与地区概况"等课程，但学生对欧葡以外的葡萄牙语变体了解不多；二是在学生交流方面，澳门的中国葡语学生绝大多数前往葡萄牙进行交流，前往其他葡语国家短期的交流学习机会明显较少。同时，来澳门学习中文的葡语国家学生的数量较少。

（四）中华文化向葡语国家传播的力度有待加强

澳门是中国向葡语国家传播中华文化的重要窗口，但对中国影视、文

---

① 葡萄牙语在全球分布广泛，变体众多，包括欧洲的葡萄牙，南美洲的巴西，非洲的安哥拉、莫桑比克、佛得角、圣多美和普林西比、几内亚比绍以及亚洲的东帝汶和中国澳门特区。在葡语作为外语教学领域，尤其在中国，将其按照地域来源分布大致划分为欧洲葡萄牙语（即在葡萄牙讲的葡萄牙语，简称"欧葡"）、巴西葡萄牙语（简称"巴葡"）和非洲葡萄牙语（简称"非葡"）等。但需要强调的是，在后殖民时代，葡萄牙语是一门多元、多中心的语言，因此，在葡语作为外语教学及葡语人才培养方面，应不断拓宽相关人员的多元化视野。

学作品葡译的支持上有待进一步加强，对"中华文化走出去"、向葡语国家及世界"讲好中国故事"的澳门平台意识有待加强。具体表现为对中国经典文学作品、影视作品葡译的支持力度还不够大，且对其在葡语国家的宣传仍不够广泛。目前，澳门已存的葡语文学汉译作品明显多于中文文学葡译作品。另外，来澳门留学的葡语国家学生的中华文化教育内容和形式相对有限，特别是在澳门特区学习中文的学生，对除岭南文化之外的丰富多彩的中华文化的全面认识还不够深入。

三　澳门平台在中国与葡语国家人文交流中作用发挥的建议

（一）深化澳门平台在中国与葡语国家人文交流中的功能定位

未来，澳门需进一步深化在中国与葡语国家人文交流中的平台功能定位，这不仅要求澳门需在国家战略发展的高度，搭建好中国与葡语国家人文交流平台，即继续加强《粤港澳大湾区发展规划纲要》中对澳门"以中华文化为主，多元文化共存的交流合作基地"的建设，还需要利用自己深厚的历史积淀和独特的中西文化底蕴，更加积极地参与其中，精准对接中国内地与葡语国家和地区的人文交流与合作，从而在增加自身文化传承深度和广度的同时，也向葡语国家和地区大力推广中华文化，让中国更全面、更立体地了解葡语世界人民及其丰富多彩的文化，进而提升双方的文化认同感，为双方的经贸合作、政治互信、平等外交奠定温暖且牢固的人文基础。

（二）创新澳门平台在中国与葡语国家人文交流中的形式和内容

在中葡人文交流的内容方面，澳门平台需要在做好传统活动的同时，进一步扩展并丰富人文交流的内容，利用好自身天然的旅游及文化遗产的优势，探索在旅游、文化产业方面的活动，助力建设世界旅游休闲中心；在中葡人文交流的形式方面，澳门需要进一步跟进全球的数字人文趋势，利用好网络技术的优势，运用新兴媒体，把科技、媒体及人文交流有机地结合起来，从而打破传统的人文交流方式，建设良好的文化形象和独特的人文交流话语权，扩大中国文化在葡语国家传播的广度和深度。

（三）拓宽澳门中葡双语人才培养的多元化视野

澳门需考虑进一步为中葡双语人才培养创造多元化的视野和机会，这不仅需要推动葡语教学师资对葡萄牙语多中心、多元化有更深的认识，也需要给予学生多元的、与各个葡语国家的语言和文化接触的机会，加强"葡语＋专业"复合型人才培养力度，从而从根本扩大中葡双语人才的多元化视野，促进未来中葡人文交流良好发展。在"粤港澳大湾区教育联盟"的框架下，与中国内地及葡语国家联合培养优秀的中葡双语人才。此外，在智库建设方面，除了进一步加强对各个葡语国家的国别和区域研究，也要加强自身的澳门学建设，通过横琴，搭建新的学术合作平台，为中葡人文交流提供坚实、可靠、多元的智库支持。

（四）加强中华文化向葡语国家的传播力度

澳门应考虑进一步加强对中华文化向葡语国家的传播力度，大力支持中国优秀影视及文学作品的葡译，在澳门特区及葡语国家举办中国影视及文学作品展，同时，培养具有中葡跨文化交际能力及国际传播视野的中葡双语及翻译人才，为未来中葡人文交流提供有力的人才保障。具体来说，相关文化机构，如澳门文化局等应加大对中国经典文学文化作品葡译的资助力度，并以澳门文学节等文学交流盛会为平台，进一步推动中华文化在葡语国家和地区的大力传播。此外，相关教育机构也应进一步丰富对来澳门留学的葡语国家学生的中华文化教育，特别是在澳门学习国际汉语教育专业的学生，将来可以成为中华文化在葡语国家和地区传播的重要窗口。

四　结语

2020 年，澳门在中国与葡语国家的人文交流中继续发挥平台作用，主要集中在中葡文化艺术交流活动的举办，中葡教育、学术及智库方面的合作，中葡人员培训交流在线平台的搭建以及中葡防疫合作的启动等四个方面。但受全球新冠肺炎疫情影响，澳门也面临着一些前所未有的困难和挑战，如对澳门平台的人文交流功能定位仍需进一步深化，对新形势下澳门特区作为平台的中国与葡语国家人文交流内容和方式有待完善，对中葡双语人才培养的多元化视野有待拓宽，对中华文化向葡语国家和地区的传播力度有待进一步加强。

人文交流是最基础的民心相通。中国始终重视与葡语国家的友好关系，澳门作为中国的特别行政区，在中国与葡语国家人文交流中起着独特的、不可替代的平台作用。未来，澳门将继续在国家的重大战略部署下，进一步深化澳门平台在中国与葡语国家人文交流中的平台功能定位，进一步创新并完善澳门平台下中国与葡语国家人文交流的形式和内容，进一步拓宽澳门中葡双语人才培养的多元化视野，进一步加强中华文化向葡语国家的传播力度，进一步发展成中国与葡语国家间集经贸、人文有机结合的综合交流平台，打造好"以中华文化为主流、多元文化共存的交流合作基地"，向葡语国家民众讲好构建人类命运共同体的中国故事，为中国与葡语国家更深入的人文交流做贡献。

A . 11

新冠肺炎疫情背景下的葡萄牙语在线教育探析：以澳门高校为例

〔巴〕儒利奥·雷伊斯·雅托巴 (Júlio Reis Jatobá)　　陈钰莹*

摘　要： 2020 年年初，新冠肺炎疫情给澳门高校带来巨大冲击，教学进程一度中止，面对未知的疫情走向，澳门各高校做出教学调整，开启线上教学。线上教学作为一种较新的教学模式，对葡萄牙语的教与学实践带来较大的挑战。为了更好地开展葡萄牙语线上教学，本报告通过调查走访澳门大学葡萄牙语系的师生，了解葡语线上教学在澳门地区的发展现状，探知存在的问题并就其原因进行分析，在此基础上为葡语课程的线上教学提出优化建议，从而增强社会对包括葡语在内的外语线上教育的关注，促进外语线上教育质量的提升。

关键词： 葡语教学　线上教育　澳门高校　葡语国家

作为中国葡语教育的重要地区，澳门为了降低新冠肺炎疫情对葡语教学进度的影响，开展了新型教学模式。为尽可能减少因疫情延迟开学对高校教学活动的影响，从 2020 年 2 月的第二周起，澳门大学在仅仅延期两周课程的情况下，迅速开启了线上教育课程。①

---

* 儒利奥·雷伊斯·雅托巴 (Júlio Reis Jatobá)，文学和跨文化研究博士，澳门大学讲师，联合国教科文组织多语言政策教席主持人；陈钰莹，广东外语外贸大学西方语言文化学院葡萄牙语专业 2022 届学生。

① Liliana Gonçalves，"Ensino e aprendizagem online em tempos de coronavírus：um testemunho de Macau"，*Portuguese Language Journal* 14 （2020），p. 49.

本报告将对葡萄牙语在线教育，尤其是澳门的葡语在线教育进行探究，并为疫情防控常态化下的葡语在线教育优化与发展提供可行性建议。在研究过程中，从外语课程教学法的规划与决策的角度出发，首先需要厘清远程教育、虚拟教育、非常时期教育、混合式教育、在线教育和远距离教育等六个名词在不同情境下的运用。由于课程设置的差别，疫情危机下存在着在线教育、"线上＋线下"混合教学模式等方式，在本报告中，我们将主要关注在线教育这一教学模式。

2020 年 2 月 11 日，澳门大学开启在线教育课程。本报告将结合复课初期澳门大学葡语教师的教学经历，以及参与葡语在线教育的学生经历，探知澳门高校在开展葡萄牙语在线教育过程中存在的问题，并通过分析问题存在的原因，探讨新冠肺炎疫情对葡语教学产生的影响，为澳门及其他地区开展葡萄牙语在线教育提出优化建议，促进葡语在线教育在疫情期间和疫情防控常态化时期的顺利发展。

一 葡萄牙语在线教育的基本现状

为减少对高校教学进程的影响，在取消了两周的教学活动后，澳门大学于 2021 年 2 月 11 日复课。作为疫情危机下澳门较早恢复授课的高校，澳门大学的在线教育面临着诸多前所未有的难题。

对教师而言，除了思考规划在线教学的内容外，如何将包括在线教学工具在内的数字技术与课堂相结合同样是一大难题。与此同时，由数字技术引发的一系列问题也让教师无所适从，例如：如何把生活和教学区分开？如何划分线上和线下的活动空间？如何让在线课程免受家庭环境的干扰？如何做好在线课堂的教学计划？这些都是教师需要面对的问题。

对学习者而言，尤其是放假离校回家或出外旅游的学生，他们大多将学习设备或资料留在学校，那么在澳门实行封控管理，学习材料缺失的情况下，他们要如何开展学习活动？此外，内地学生还需要找到适当、便捷的途径，来使用比如 Moodle、Zoom 等国际在线课程网站。由此可以看出，在新冠肺炎疫情期间，实现高效葡语在线教育，是需要共同思考的问题。

二　葡萄牙语在线教育存在的问题

进入新世纪的第一个十年，中国社会的"数字化"程度越来越高，互联网使用愈加频繁①，对中国的师生来说，信息技术和数字化资源进入外语教育领域已不再是新鲜事。在这样的前提下，新冠肺炎疫情的到来并不是将在线教育这一新型教学模式强加给师生，而是促使教学模式变得多样化的催化剂，加速将"数字化教学"纳入教育现代化的进程。所以，教育部在2020年2月5日发布的疫情期间在线教育的基本指导方针，不是为了增加在线教育师生的负担，而是为了真正解决教学过程中存在的不足，比如对课时概念的重新理解、在线课程的评估设置以及在线教育课程认证等问题。② 在此背景下，葡语在线教育的发展主要存在以下问题。

（一）信息技术在葡语在线教育中的运用有待深入研究

放眼国内的外语教学，尽管在疫情期间，葡萄牙语在线教育已成常态③，但值得强调的是，和英语在线教育相比，国内仍然缺乏对应的信息技术平台支持葡语在线教育④的发展。在国内，关于信息技术在葡语在线教育中的运用这方面的研究少之又少，这是一个亟待深入探讨的关键领域。即便把范围扩大到外语教学与信息技术结合，国内发表的相关文章和著作仍

---

① Ka Ho Mok and Dennis Leung, "Digitalisation, Educational and Social Development in Greater China," *Globalisation, Societies and Education* 10 (2012), pp. 271-294.

② Xudong Zhu, Jing Liu, "Education In and After Covid-19: Immediate Responses and Long-Term Visions", *Postdigital Science and Education* 2 (2020), pp. 695-699.

③ L. T. A. Pires, O e-learning como instrumento de expansão do ensino do português língua estrangeira na China (Master diss., Universidade Aberta, 2014).

④ Z. Lou, O desenho de uma aplicação de MAVL (Mobile-assisted Vocabulary Learning) em PLE destinada a aprendentes chineses (Master diss., Universidade de Lisboa, 2018).

是寥寥无几。[①] 学者周娟和裴正薇指出[②]，疫情危机下，注重培养外语教师的在线教学能力和素质以及学习者的数字化学习与创新能力和数字化意识必不可少。由此可见，加强对信息技术的探索和了解对包括葡语在内的外语在线教育是十分必要的。

（二）功能多样、操作简便的统一在线教育平台有待开发

在澳门，尽管学生掌握基本的互联网技能，被认为是新一代"数字土著"，但疫情背景之下，在线教育初始阶段最大的困难不仅是大部分学习者缺乏齐全的技术设备，更重要的是在线课堂互动过程中，教师发现学生并不能如预想中那样很好地掌握在线教育平台的功能。根据复课两周后对参与葡语在线教育学生的调查，我们发现，由于对在线教育平台功能的不熟悉，很大一部分学生更倾向于在线上课堂运用更少的信息技术作为辅助工具。如此一来，疫情期间，教师主要使用 Zoom 作为在线教育平台进行课程直播，以数字化形式共享教学资料，但在课程信息发布、实时交流等方面，大部分学生偏向于使用集聊天、社交等功能于一身的"微信"开展师生互动。由此可知，操作复杂且功能陌生的在线教育平台，在葡语线上教学的实际应用中，无法发挥出数字化具备的高效率优势。

（三）在线教育过程中，课堂交互性减弱

根据调查，在以 Zoom 为教学平台的在线课堂上，本科一年级的学生表达出最强烈的焦虑。他们认为，在线教育缺乏课堂交流，教师观察课堂的效果被削弱，学生与学生之间、教师与学生之间的良性互动明显减少。由此可见，相比线下课堂，在线教育交互性减弱带来的问题不容忽视。缺乏学习意愿和专注度低下的课堂使得学生难以进入积极的学习状态。但是，

[①] 万昆、郑旭东、任友群：《规模化在线学习准备好了吗？—后疫情时期的在线学习与智能技术应用思考》，《教育科学文摘》2020 年第 2 期。

[②] 周娟、裴正薇：《疫情防控背景下外语在线教学效果评价研究》，《宁波教育学院学报》2021 年第 3 期。

针对大一学生所提出的情况，教师们通过缩短课堂时间，划分学生研习小组并分配小组任务等方式，尽量增加有效的课堂互动，以此提高学习效率，增强学习效果。

（四）学生因交流计划被打乱而产生心理落差

对于高年级学生，尤其是大三同学来说，由于掌握了较丰富的专业知识，从线下教育转变为在线教育并不是非常困难。根据调查，高年级学生的主要问题在于调整因学习计划的明显改变而造成的巨大心理落差。按照原来的教学计划，大三学生会前往巴西或葡萄牙进行为期一年的交流学习，但由于新冠肺炎疫情世界范围的大流行阻挡了全世界大部分地区线下教育正常进行的步伐。为了应对这一突发状况，高校纷纷做出积极调整。对本校已在国外交流学习的学生，澳门大学为他们开设线上课程，让学生能够按时完成剩余的学习任务，修满学分，以免耽误之后的学习进程。但对于计划出国交流学习的学生来说，原定的出国交流计划被打乱和课程的重新设置都会造成一定的心理落差。因此，如何调整好心态，从对出国交流充满期待到接受在线教育，是学生们要面对的主要问题。

（五）在线课堂中，学生个体的差异化困难

由于学生身处不同环境，缺乏线下教育时的统一和有序，在线教育还面临着许多因个体差异化而产生的问题。首先，许多在境外旅游或交流，但由于线下课程取消而无课可上的学生，因疫情无法返回国内，使得在线教育增加了时差这一困扰，尤其是巴西、葡萄牙和澳门间的时差问题。在无法找到能符合所有人常规上课时间的情况下，部分学生只能在深夜上课，甚至要持续到凌晨。其次，对于回到内地或者已经返回澳门的学习者来说，隔离期间酒店网络信号的不稳定、网络的卡顿均会导致听课效率和课堂注意力的降低。除此以外，进行线上教育时，摄像头是否开启也对部分师生造成了困扰。一方面，关闭摄像头可以更好保护个人空间，减少师生面对镜头时的羞怯感，但也可能成为掩护学生上课走神、翘课的"妙招"；另一

方面，开启摄像头看到对方所处的环境，可以为师生营造出一种亲近感，但也更容易受到环境的影响，让课堂充满各种各样罕见且古怪的场面，例如：有人在摄像头前完成了隔离时要求的核酸测试；有人因饭点已到而被父母打断课堂学习；等等。诸如此类让人啼笑皆非的场景使得课堂教学的有序化遭受冲击。

尽管在线教育面临着各种各样的难题，但根据调查，学生普遍认为特殊时期在线教育必不可少。在线教育可以让学生无论身处何种环境，在网络畅通的条件下继续进行葡语学习，保证学习进度。总的来说，纵然面对重重困难和诸多不适，但大家积极开展葡语在线教育，保证学习进程顺利推进的态度是一致的。

三　澳门葡语在线教育的建议

在中国的学科体系里，葡萄牙语专业归属外国语言文学学科，葡语学习者在葡语习得过程中，难免会碰到和其他外语学习者相似的问题，因此，基于让受众更广泛、让建议更有价值的考量，在此为包括葡语在内的外语在线教育提出几点建议，希望有助于进一步提高葡萄牙语及其他外语语种在线教育的质量。

（一）提升葡语教师在线教学的能力和素质

不可否认，在所有人都处于因生命健康受到威胁而身心俱疲的情况下，教师肩负着处理好疫情和教学的重任，尽管要求教师群体制定紧急外语教学计划应对疫情危机过于苛刻，但是作为教学过程中不可或缺的主体，教师这一角色责任重大，教师应承担起在新冠疫情肺炎下开展新型教学模式的重任，成为在线教育规模化的推动者。由此，需要重视和发挥教师在在线教育中的作用。智能时代要求教师增强信息素养，高效整合技术应用和课程教学，同时关注学生利益，以"学"为中心，尊重学生的真实需求，根据在线教育的特色将学习的主动权交给学生，让学生的主体性作用得到充分发挥。

（二）发展融合化葡语在线教育

葡语学习有其特殊性，信息资源的割裂和不对等将加大葡语学习者参与在线教育的难度，这是一个不容忽视的问题。因此，需要大力发展融合化在线教育，形成政府投资建设的"开放资源"、学校开发的"校本资源"，以及企业开发的"个性化资源"三大资源体系，促进数据要素流通，不断缩小在线教育资源获取难度的差距。

（三）信息技术赋能葡语在线教育

澳门作为参与在线教育的地区之一，应该明确在线教育中，现代信息技术只是特殊时期的特定存在还是未来新趋向的开端。不可否认，信息技术让在线教育中教与学的关系碰撞出极大的火花，但同时，信息技术却又不是绝对的高效。尽管如此，我们仍然认为，在葡萄牙语教学的课堂上，信息技术不再只是一种趋势，而是一个无法避免的现实，即便疫情结束生活回归"正常"，信息技术在葡语教学上的运用也不会消失。

信息技术搭配葡语教育的模式将一直存在，由此产生一个值得思考的问题：未来，如何使信息技术成为更人性化的资源，使其更有助于葡语学习者学好葡语，实现与他人更好地交流？学者周自波、黄裕钊、黄孝山认为信息技术赋能教与学，应以技术工具为基础，兼顾"以人为本"的价值理性，达成二者的和谐统一，才能有效促进在线教学活动的开展，做到技术与人相互依存，而不是相互控制。[1] 同时，我们应看到在线教育打破时间和空间限制这一优势，使其与传统教育模式相融合，通过线上与线下结合的方式，增加葡语学习的高效性和灵活性，真正实现信息技术更加高效地、人性化地赋能葡语在线教育。

---

[1] 周自波、黄裕钊、黄孝山：《和谐共生：后疫情时代在线教育的价值旨归》，《高等继续教育学报》2021年第1期。

（四）发展高效的葡语在线教学模式

外语在线教学模式在新冠肺炎疫情下骤然兴起并大规模发展，作为一种在极短的时间内，发展起来的教学模式，仍然存在诸多不足和有待解决的难题。对此，在葡语教学过程中，教师可以依据教学内容，全面考虑葡语学习者的学习需求和学习进度，充分发挥在线课堂的特点，从而积极调整教学方案，主动探索新型在线外语教学模式，避免因照搬线下教学模式导致的无效教学。与此同时，葡语学习者应提高自主学习的意识，培养自主学习的能力，降低对教师监督和学习环境的依赖程度，积极参与课堂互动，利用在线课堂中高效便捷的信息化工具实时分享传递学习资源。主动克服外语在线课堂中出现的干扰和困难，借助有效的设备和灵活的空间保证在线听课质量。

（五）构建完善的葡语教学资源库

不少葡语学习者反映学习过程中的一大难题是学习资源搜集与分享的困难。得益于学校这一特殊物理空间，线下学习者通常习惯前往学校图书馆进行资料查阅和文档搜集，一旦脱离了校园环境，如何在线有效搜集外语学习资料成为学习者甚至教师面对的难题之一。由此可见，构建并完善葡语在线教学资源库十分必要。教师可以根据不同学习阶段的学习者外语水平丰富并分级资源库，创造条件引进高质量的葡语数字资源。例如，为了加强澳门与内地学术图书馆之间的联系，澳门大学联合内地开设有葡语专业的高校倡议成立的"澳门与中国内地学术图书馆葡语资源联盟"，促进各联盟成员的图书馆资源和资讯共用，以便在葡语教育和学术研究等方面相互合作，该葡语资源联盟创建了馆际互借及文献传递服务机制，有效推进了成员高校葡语专业师生的资源共享。此外，广东外语外贸大学葡萄牙语专业依托粤港澳大湾区葡语教育联盟①，联通其他高校外语资源库，实现

---

① 为进一步落实《粤港澳大湾区发展规划纲要》，推动三地教育合作发展，2020年6月澳门理工学院、广东外语外贸大学和香港大学专业进修学院签署合作协议成立"粤港澳大湾区葡语教育联盟"。

葡语及其他外语教育数字资源的多地共享。

四 葡语教育的反思

随着人们对新冠肺炎病毒的认识日益加深，信息技术的不断发展，学校的线下教育与在线教育的融合或将成为未来教学的新常态。新教学模式的出现意味着教学秩序的改变，如何正确对待"线上＋线下"混合教育模式的常态化发展是我们需要思考和面对的问题。新的教学秩序需要保留线下教育与在线教育原有教学优点的同时，还应避免两者因融合产生新缺点。此外，在新教学秩序下，有关葡语教育的特殊教学需要，如学习者为锻炼葡语视、听、说需用到的多功能语音室、口译训练需用到的同传间等，需要考虑通过在线教育的其他途径弥补葡语教学空间缺乏以及其他线上虚拟空间无法完全等同线下物理空间时所产生的问题。未来，我们需要积极探索并适应新的多元化葡语教学模式，借助信息技术工具，推动葡语在线教育顺利、有序发展。

附　　录

Appendices

A.12
中国与葡语国家合作统计数据
（2017~2020）

丁　浩 *

一　概况

表 1　中国与葡语国家基本信息与经济指标（2019 年）

国别	国土面积(万平方公里)	人口（百万人）	首都	收入水平	GDP（百亿美元）	GDP年增长率（%）	人均GDP（美元）	失业率（%）	通货膨胀率（%）	官方储备（亿美元）
中国	942.47	1397.72	北京	中高收入	1427.99	5.95	10216.63	4.60	2.90	32228.95
安哥拉	124.67	31.83	罗安达	中低收入	8.94	-0.62	2809.63	6.93	17.08	163.35

* 丁浩，广东外语外贸大学商学院副院长、管理学博士、副教授、硕士生导师，葡语国家研究所所长。

续表

国别	国土面积（万平方公里）	人口（百万人）	首都	收入水平	GDP（百亿美元）	GDP年增长率（%）	人均GDP（美元）	失业率（%）	通货膨胀率（%）	官方储备（亿美元）
巴西	835.81	211.05	巴西利亚	中高收入	187.78	1.41	8897.49	11.93	3.73	3568.86
佛得角	0.40	0.55	普拉亚	中低收入	0.20	5.67	3603.78	12.07	1.11	7.38
几内亚比绍	2.81	1.92	比绍	低收入	0.14	4.50	749.45	2.79	0.25	—
莫桑比克	78.64	30.37	马普托	低收入	1.53	2.29	503.57	3.19	2.78	38.88
葡萄牙	9.16	10.29	里斯本	高收入	23.95	2.49	23284.53	6.46	0.34	250.03
圣多美和普林西比	0.10	0.22	圣多美	中低收入	0.04	2.21	1987.58	13.05	7.86*	0.47
东帝汶	1.49	1.29	帝力	中低收入	0.20	18.72	1560.51	4.42	0.96	6.56

注：GDP、人均GDP和官方储备均为现价美元数据。失业率数据来源于国际劳工组织（ILO）的ILOSTAT数据库。标识为"中国"的数据为中国大陆数据，不包括中国香港、中国澳门和中国台湾，下同。标*为2018年的数据。

资料来源：根据世界银行数据整理。

表2　中国与部分葡语国家经济复杂性指数（ECI）排名（2019年）

国别	ECI	ECI排名	ECI排名变化
中国	1.01	29	↑1
安哥拉	−1.36	141	↓2
巴西	0.51	49	↓5
莫桑比克	−1.22	131	↑2
葡萄牙	0.54	48	↑1

资料来源：根据MIT发布的OEC数据整理，共146个经济体。

表3　中国与葡语国家国际收支情况（2019年）

单位：百万美元

国别	货物出口	货物进口	货物贸易余额	服务出口	服务进口	服务贸易余额	贸易余额	收益	经常项目余额
中国	2386640	1993647	392993	244359	505508	−261149	131844	−28934	102910
安哥拉	34726	14127	20599	455	8172	−7718	12881	−7743	5137
巴西	225800	199253	26547	34275	69765	−35489	−8942	−56087	−65030
佛得角	266	931	−666	738	357	381	−285	288	3

国别	货物出口	货物进口	货物贸易余额	服务出口	服务进口	服务贸易余额	贸易余额	收益	经常项目余额
几内亚比绍	249	335	−86	43	167	−124	−210	83	−127
莫桑比克	4669	6753	−2084	931	2818	−1887	−3971	949	−3022
葡萄牙	64886	83114	−18226	39958	19895	20064	1836	−823	1013
圣多美和普林西比	13	126	−113	59	63	−4	−117	27	−90
东帝汶	26	592	−566	92	447	−355	−922	1056	134

国别	资本项目余额	直接投资	证券投资	金融衍生品	其他投资	储备资产	金融项目余额	误差与遗漏
中国	−327	−50260	−57948	2355	98545	−19288	−26596	−129178
安哥拉	2	1749	−1676	−1	3146	967	4186	−954
巴西	369	−46355	19216	1673	−12836	−26055	−64357	304
佛得角	10	−92	1	0	−67	147	−11	−24
几内亚比绍	28	−71	−8	0	−58	33	−105	−5
莫桑比克	106	−2212	−13		−1584	803	−3006	−90
葡萄牙	2126	−8688	8974	91	5614	−2512	3478	340
圣多美和普林西比	15	−23	0	0	−6	5	−24	51
东帝汶	26	−75	269	0	−112	−18	65	−94

注：收益包括主要收益（primary income）和次要收益（secondary income）。

资料来源：根据 IMF 数据计算整理。

二 外交

表4 中国与葡语国家外交关系一览表（截至 2020 年 12 月）

双边国家	建交时间	伙伴关系	伙伴关系建立时间
中国与安哥拉	1983 年 1 月 12 日	战略伙伴关系	2010 年

续表

双边国家	建交时间	伙伴关系	伙伴关系 建立时间
中国与巴西	1974 年 8 月 15 日	全面战略伙伴关系 战略伙伴关系	2012 年 1993 年
中国与佛得角	1976 年 4 月 25 日	—	—
中国与几内亚比绍	1974 年 3 月 15 日建交， 1990 年 5 月 31 日断交， 1998 年 4 月 23 日复交	—	—
中国与莫桑比克	1975 年 6 月 25 日	全面战略合作伙伴关系	2016 年
中国与葡萄牙	1979 年 2 月 8 日	全面战略伙伴关系	2005 年
中国与圣多美 和普林西比	1975 年 7 月 12 日建交， 1997 年 7 月 11 日断交， 2016 年 12 月 26 日复交	全面合作伙伴关系	2017 年
中国与东帝汶	2002 年 5 月 20 日	全面合作伙伴关系	2014 年

资料来源：中国外交部。

三　贸易

表 5　中国与葡语国家进出口商品总值（2020 年）

单位：万美元，%

国别	2020 年						2019 年
	进出口额	出口额	进口额	同比增长（%）			进出口额
				进出口	出口	进口	
安哥拉	1626136	174791	1451345	−35.89	−15.05	−37.73	2536581
巴西	11904032	3495652	8408380	3.80	−1.47	6.16	11468055
佛得角	7900	7779	121	24.52	22.66	4133.26	6345
几内亚比绍	5145	5144	1	27.58	61.14	−99.94	4033
莫桑比克	257711	199995	57717	−3.43	2.20	−18.91	266855

国别	2020 年						2019 年
	进出口额	出口额	进口额	同比增长（%）			进出口额
				进出口	出口	进口	
葡萄牙	696376	419153	277222	4.82	-3.10	19.60	664338
圣多美和普林西比	2033	2029	5	127.55	127.37	242.48	894
东帝汶	19163	19042	121	13.97	32.62	-95.07	16814
葡语国家合计	14518495	4323584	10194911	-2.98	-1.88	-3.43	14963914

资料来源：中国海关总署统计数据。

表 6　葡语国家服务贸易情况（2020 年）

单位：亿美元，%

国别	服务进出口额	服务出口额	服务进口额	服务净出口额	占葡语国家服务进出口总额比重
安哥拉	56	1	56	-55	4.3
巴西	776	285	491	-206	60.2
佛得角	5	3	2	1	0.4
几内亚比绍	2	0	2	-1	0.2
莫桑比克	33	8	25	-17	2.6
葡萄牙	413	256	158	98	32.0
圣多美和普林西比	1	0	0	0	0.1
东帝汶	4	0	3	-3	0.3
葡语国家合计	1290	553	737	-184	100

注：几内亚比绍为 2019 数据。表中金额因四舍五入部分存在尾差。
资料来源：国际货币基金组织《国际收支统计年鉴》和数据文件。

四 投资

表7 中国对葡语国家直接投资流量、存量（2017~2019年）

单位：万美元

国别	中国对外直接投资流量			中国对外直接投资存量		
	2017年	2018年	2019年	2017年	2018年	2019年
安哥拉	63755	27034	38324	226016	229919	289073
巴西	42627	42772	85993	320554	381245	443478
佛得角	—	—	124	1463	1463	234
几内亚比绍	623	257	—	7639	6521	2671
莫桑比克	11747	54563	-4670	87291	141017	114675
葡萄牙	104	1171	1855	11023	10593	5857
圣多美和普林西比	—	—	6	38	38	44
东帝汶	1952	-1032	-1630	17417	16668	8085
葡语国家合计	120808	124765	120002	671441	787464	864117

资料来源：《2019年度中国对外直接投资统计公报》。

表8 葡语国家对中国直接投资流量（2015~2019年）

单位：万美元

国别	2015年	2016年	2017年	2018年	2019年
安哥拉	90	359	120	—	—
巴西	5084	4667	4228	3119	340
几内亚比绍	—	—	103	—	—
莫桑比克	—	—	1473	—	—
葡萄牙	202	1042	1499	40	73

资料来源：历年《中国统计年鉴》。

五　合作

表 9　中国对葡语国家承包工程和劳务合作统计情况（2019 年）

国别	对外承包工程					对外劳务合作					
	新签合同份数（份）	新签合同额（万美元）	完成营业额（万美元）	派出人数（人）	年末在外人数（人）	新签劳务人员工资合同总额（万美元）	劳务人员实际收入总额（万美元）	派出人数（人）	年末在外人数（人）	累计派出各类劳务人员数量（人）	年末在外各类劳务人员数量（人）
安哥拉	39	80906	286588	1984	10725	2177	4163	866	12143	2850	22868
巴西	130	303418	225237	230	328	—	—	2	159	232	487
佛得角	1	4	6671	53	188	—	2	—	—	53	188
几内亚比绍	—	1231	988	3	16	—	3	1	2	4	18
莫桑比克	60	98681	100144	957	2064	520	553	316	930	1273	2994
葡萄牙	9	7480	13361	11	4	6	34	15	12	26	16
圣多美和普林西比	7	238	90	8	8	—	—	—	—	8	8
东帝汶	3	101131	25926	303	784	—	4	—	7	303	791
葡语国家合计	249	593089	659005	3549	14117	2703	4759	1200	13253	4749	27370

资料来源：《中国商务年鉴 2020》。

六 社会

表10 中国与葡语国家多维贫困指数及其构成（2019年）

国别	多维贫困指数（MPI）	数据年份	多维贫困发生率（%）	多维赤贫发生率（%）	不同维度对总体贫困的贡献率（%）			收入贫困线以下人口比重（%）	
					健康	教育	生活水平	国家贫困线	PPP日均1.9美元线
中国	0.016	2014	17.4	0.3	35.2	39.2	25.6	1.7	0.5
安哥拉	0.282	2015/2016	15.5	32.5	21.2	32.1	46.8	36.6	47.6
巴西	0.016	2015	6.2	0.9	49.8	22.9	27.3	—	4.4
几内亚比绍	0.372	2014	19.2	40.4	21.3	33.9	44.7	69.3	67.1
莫桑比克	0.411	2011	13.6	49.1	17.2	32.5	50.3	46.1	62.9
圣多美和普林西比	0.092	2014	19.4	4.4	18.6	37.4	44.0	66.2	34.5
东帝汶	0.210	2016	26.1	16.3	27.8	24.2	48.0	41.8	30.7

注：多维贫困指数（MPI）仅针对发展中国家，因此葡萄牙未被纳入。另，缺少佛得角数据。
资料来源：联合国开发署、牛津大学贫困与人类发展研究中心（OPHI）《2020全球多维贫困指数（MPI）》。

A.13
中国与葡语国家合作大事记（2020年）

邱铭坚*

2020年1月

1月2～3日 澳门大学与中国国际广播电台葡语部合作打造的"中国思想萃谈"葡语电台节目首季"孔丘与《论语》"在巴西、葡萄牙播出。

1月3～5日 "2020 澳门·广州缤纷产品展"在广东省广州市举行，吸引澳门及广州两地逾百家展商参加，部分澳门企业在展会上展示来自葡语国家的食品及饮料。

1月8日 澳门电讯与安哥拉电讯签署合作备忘录，共同拓展中国内地、中国澳门、非洲葡语国家和巴西的电讯商机。

1月15日 中国东风商用车公司和葡萄牙集团公司合资建立的安哥拉汽车销售公司在罗安达举行开业仪式。

1月29日 中国驻巴西大使馆临时代办宋扬约见巴西外交部中国司司长科雷亚。

1月31日 圣多美和普林西比总理热苏斯就中国遭受新冠肺炎疫情向李克强总理致慰问函。

2020年2月

2月21日 巴西航空工业公司向数家中国航空公司及企业出售100架

---

* 邱铭坚，广东外语外贸大学商学院本科生。

飞机，其中 90 架飞机已交付予中企手中，另外 10 架 195 - E2 型号飞机将交付予中国工商银行。

2 月 24 日 澳门高等教育局继续推出"中葡人才培训及教研合作专项资助计划"，并开始接受澳门高校的申请。

2020年3月

3 月 4 日 第三届"澳中致远"创新创业大赛增设"优秀葡语系国家项目奖"，旨在发掘优秀的葡萄牙及巴西创业项目。

3 月 5 日 中国通信设备制造商华为在安哥拉建设信息技术创新与培训中心。

3 月 8 日 巴西智库瓦加斯基金会举行新冠肺炎疫情研讨会，中国驻里约热内卢总领事李杨出席研讨会并发表演讲。

3 月 9 日 中国能建葛洲坝集团与安哥拉能源水利部宽扎河中游流域开发办公室，签署卢阿西姆水电站配套输变电项目合同。

3 月 13 日 华为赞助由非洲石油与电力公司主办的"2020 年安哥拉石油天然气会议展览会"。

3 月 18 日 中国水利水电建设集团赢得一项国际招标，将在几内亚比绍首都比绍附近的加尔德特兴建一座太阳能发电厂。

3 月 20 日 巴西电力供应商 IBS 能源集团与中国电力建设集团签署合作协议，在巴西南部建设生物燃料发电站。

3 月 23 日 在中车唐山公司技术团队远程指导下，距离中国万里之遥的罗安达港口顺利完成首批 4 列中国出口安哥拉内燃动车组的卸船、编组、运行，这是中车唐山公司首次远程指导用户完成动车组编组，开创了中车海外业务的新方式。

3 月 24 日 中国水利水电建设集团援建安哥拉发电厂投产。

3 月 25 日 安哥拉内图大学孔子学院中方院长任兵在安哥拉《国家报》上刊发写给安哥拉朋友的公开感谢信。

3 月 31 日　巴西国家石油公司、中国海洋石油总公司和中国石油天
然气勘探开发公司组成的联营体获得布基亚斯油田开采权，巴西国家石油
公司与中国石油天然气勘探开发公司另外组成的财团获得阿拉姆油田开
采权。

2020年4月

4 月 2 日　复星国际旗下的葡萄牙保险公司忠诚保险已取得相关批文，
在澳门开设新的人寿保险公司。

《张文宏教授支招防控新型冠状病毒》葡萄牙语版一书在巴西出版，纸
质版和电子书版同步发行。

4 月 3 日　四川大学华西医院通过远程系统，为位于莫桑比克首都马普
托市的马普托中心医院开展抗疫培训。

4 月 6 日　中国驻葡萄牙大使蔡润在接受葡萄牙电视台专访时表示，中
方将继续为葡方抗疫提供支持。

4 月 7 日　中国驻巴西大使馆与巴西卫生部组织召开中巴抗击新冠肺炎
疫情专家视频会。

4 月 8～23 日　中国浙江省商务厅举办浙江出口网上交易会（葡萄牙站—
汽配专场），推动中国对葡萄牙的汽车零部件出口。

4 月 14 日　澳门理工学院推出"理工葡萄牙语线上学习平台"。

4 月 15 日　中国驻安哥拉大使和安哥拉外交部部长交流中非合作抗疫。

4 月 17 日　波尔图大学孔子学院开设免费网上中文和中国文化课程，
由孔子学院导师任教。

4 月 20 日　澳门特别行政区行政长官贺一诚在立法会发表《2020 年财
政年度施政报告》，强调澳门可探索协同粤港澳大湾区以及内地其他地区与
葡语国家开展海洋合作。

4 月 24 日　驻东帝汶中资企业协会筹集 2 万美元，捐赠东帝汶国立医
院，帮助东帝汶抗击新冠肺炎疫情。

巴西政府免除 19 种用于对抗新冠肺炎疫情的医疗用品的进口关税，包括药品、手套和口罩等个人防护装备，以及呼吸机等医疗设备。

4月27日 安哥拉企业 Ridge Solutions Group 宣布，已与中国新疆沃尔沃光电技术公司签署为期五年的协议，向其提供 52.5 万吨阴极铜。

4月28日 中国国务委员兼外交部长王毅在北京出席金砖国家应对新冠肺炎疫情特别外长会。

中国政府第二批援助东帝汶医疗物资运抵帝力国际机场。

4月29日 中国工商银行（澳门）与大西洋银行签订中国及葡语系国家市场业务合作协议。

4月30日 由中国驻安哥拉大使馆牵线组织的新冠防疫物资捐赠活动受到安哥拉内政部长拉博里尼奥的高度赞誉。中国驻安哥拉大使龚韬出席在安中国企业和侨团向安哥拉内政部捐赠抗疫物资仪式。

2020年5月

5月4日 中葡论坛发挥澳门平台作用，联合澳门中国企业协会、澳门葡语国家区域酒类及食品联合商会等机构向 8 个葡语国家捐赠防护物资。

5月7日 中国国家主席习近平同葡萄牙总统德索萨通电话。

5月8日 中国驻巴西大使杨万明通过视频连线方式，出席中国工商银行向巴西圣保罗州政府医疗物资捐赠仪式。

5月11日 中国国务委员兼外交部长王毅同安哥拉外交部部长安东尼奥通电话。

佛得角中资机构协会向佛得角国家应急基金捐款，以支持佛得角政府抗击新冠肺炎疫情。

5月13日 中国商务部国际贸易经济合作研究院、澳门科技大学社会和文化研究所共同发布《中葡经贸合作蓝皮书：中国与葡语国家经贸合作发展报告（2018～2019）》。

5月14日 对外经济贸易大学区域国别研究院中国葡语国家研究中心

举办"新冠病毒疫情期间中国与葡语国家合作"视频研讨会。

5月15日　中国驻安哥拉大使龚韬与安哥拉内政部部长拉博里尼奥，共同出席中国电子进出口公司安哥拉分公司向安哥拉内政部捐赠抗疫物资仪式。

5月18日　中国政府向圣多美和普林西比国民议会捐赠了一批信息技术设备。

5月19日　由安哥拉江苏总商会倡议，中国城和江洲农业共同筹集的抗疫物资交接仪式在罗安达某军事基地举行。

第十七届华为全球分析师大会期间，ETSI（欧洲电信标准化协会）、中国宽带发展联盟、葡萄牙电信与华为联合发起 F5G 全球倡议。

5月21日　巴西伯南布哥州议会宣布授予中国"国际友好国家奖"。

5月22日　澳门理工学院与葡萄牙波尔图大学合作创办亚洲首部葡语国际学术期刊《葡萄牙语的东方之路》，创刊号电子版正式上线。

5月25日　中国驻圣多美和普林西比大使王卫与圣多美和普林西比卫生部长内韦斯共同参观由中方资助的备用方舱医院。

2020年6月

6月1日　中国长江三峡集团巴西分公司与葡萄牙电力公司（EDP）合作开发新的风电场项目。

中国驻巴西大使杨万明通过视频连线方式，出席三峡集团向圣保罗州政府捐赠医疗物资仪式。

6月5日　中国电器和电子产品制造商 TCL 增持其巴西合资企业 SEMP TCL 的股权，占比由 40% 上调一倍至 80%。

6月8日　澳门理工学院、广东外语外贸大学和香港大学专业进修学院相约云端，通过网上方式签署合作协议书，成立"粤港澳大湾区葡语教育联盟"。

6月10日　葡中中小企业商会在葡萄牙新孔代沙市正式成立，该商会旨在为葡萄牙和中国中小企业搭建信息和沟通平台，通过该平台加强葡中中小企业之间的合作。

6月11日 巴西圣保罗州布坦坦研究所与中国科兴控股生物技术公司签署了一项合作协议，共同开展新冠疫苗的Ⅲ期临床测试。

6月15～24日 第127届中国进出口商品交易会（广交会）在网上举行，约300名来自126个巴西城市的企业家出席广交会专场推介。17日，广交会全球云推介活动分别连线葡萄牙、丹麦和美国等传统国家市场，中国驻葡萄牙大使馆经济商务参赞徐伟丽、葡萄牙驻广州总领事安德烈·科尔代罗、葡中工商会主席柯大峡、葡萄牙及中国青年企业家协会执行董事卡洛琳娜·盖德斯等嘉宾在线出席活动，活动共吸引了150余名当地企业和采购商代表参加。

6月16日 中国驻巴西大使馆、驻里约热内卢总领馆联合中巴多家机构共同举办"国际抗疫合作系列研讨会"。

6月19日 中国驻葡萄牙大使蔡润出席葡中工商会举办的"后疫情时代的葡中关系"视频会议并致辞。

6月22日 位于莫桑比克首都马普托的教育大学将设立华为信息通信技术学院。

6月22～26日 2020浙江出口网上交易会（巴西站—纺织服装专场）成功举办。

6月25日 中国驻莫桑比克大使馆庆祝中国与莫桑比克建交45周年。

6月29日 巴西国家石油公司（Petrobras）通过使用中国制造的浮式生产储卸油轮（FPSO），开始在桑托斯湾盐下海域的阿塔普地区开采石油和天然气。

6月30日 由中国驻圣多美和普林西比大使馆主办、圣多美和普林西比大学孔子学院承办的首届圣多美和普林西比"汉语桥"大、中学生中文比赛以在线形式顺利举行。

2020年7月

7月1日　徐工巴西银行在巴西米纳斯吉拉斯州波苏阿雷格里市的徐工巴西工业园区，举行线上开业仪式。

7月2日　中国驻巴西大使馆举行中国援助巴西第一批抗疫物资在线交接仪式。

7月3日　巴西卫生监督局同意使用中国北京生物制药企业科兴研发的新冠肺炎疫苗开展临床试验。

侨鑫学院与葡萄牙里斯本大学学院联袂打造的国际高级管理硕士文凭（IEMM）项目在侨鑫国际正式发布。

7月7日　中国驻巴西大使馆、中国驻里约热内卢总领馆联合中巴多家机构共同主办"国际抗疫合作系列研讨会"，其间举行"经贸抗疫合作"专场。

7月8日　驻佛得角大使杜小丛向佛得角总统夫人利贾·丰塞卡转交彭丽媛教授代表中国政府向佛方捐赠的抗疫物资。

7月14日　设在珠海市横琴新区的"中国与葡萄牙语国家检察交流合作基地"启动建设。

7月15日　佛得角政府在政府办公大楼举行中国援助佛得角第二批抗疫物资交接仪式。

7月20~31日　第三十四届葡语暑期课程于澳门大学顺利举行。

7月23日　中国外交部副部长秦刚同葡萄牙外交部外交和合作国务秘书里贝罗通电话。

7月24日　中国驻圣多美和普林西比大使王卫向圣普红十字会总干事利马转交中国国家主席习近平夫人彭丽媛教授代表中国政府向圣多美和普林西比捐赠的抗疫物资。

7月31日　中国驻东帝汶大使肖建国前往东帝汶包考地区，与东帝汶经济事务协调部长阿马拉尔、旅游贸易与工业部长达席尔瓦共同视察援东粮仓项目建设。

2020年8月

8月4日 在安哥拉政府启动推广的信贷援助计划下，中国与安哥拉合资的农业企业获批信贷援助。

8月5日 巴西参议院投票通过了2015年6月由时任政府代表签署的《亚洲基础设施投资银行协定》文本，正式批准巴西成为亚洲基础设施投资银行的创始成员。

8月7日 中国长江三峡集团向葡萄牙电力公司认购6670万股股票，支付金额达2.203亿欧元（约2.608亿美元）。

8月10日 中国驻巴西圣保罗总领馆向圣保罗州政府捐赠15万只医用外科口罩。

巴西电动发动机制造商WEG S. A.在中国江苏省常州市金坛区设立的新工厂正式投入运作。

8月11日 巴西各界人士和当地华人代表参加"中国—里约热内卢友好日"线上庆祝活动。

8月14日 中国驻巴西大使馆和巴西权威智库国际关系中心（CEBRI）共同举办"疫后中国与巴西"系列线上研讨会首场活动，主题为"中巴生物科技合作"。

8月17日 中国驻巴西大使馆和驻累西腓总领馆举行庆祝中巴建交46周年暨"中国移民日"《东北杂志》中巴友好纪念专刊线上首发仪式。

8月18日 中国澳门特别行政区咖啡企业查里斯通在东帝汶投资2000万港元的有机咖啡加工项目。

8月20日 由世界针灸学会联合会主办，巴西传统中医药针灸学会承办的"中国中西医结合专家组同巴西医学专家新冠肺炎防控视频交流会"在北京和圣保罗两地同步召开。

8月21日 中国驻安哥拉大使龚韬向安哥拉总统夫人安娜·洛伦索转

交中国政府通过非洲第一夫人发展联合会向安哥拉捐赠的抗疫物资。

8 月 27 日 巴西矿商淡水河谷与中国宁波舟山港集团合作，在鼠浪湖矿石中转码头建设的磨矿中心正式投产。

8 月 28 日 中国智能手机制造商 OPPO 与拉美电讯商合作，产品将进入巴西市场。

2020年9月

9 月 1 日 中国驻东帝汶大使肖建国会见东帝汶旅游贸易与工业部长达席尔瓦，双方就两国在经济贸易、公共投资以及东帝汶疫后经济复苏等领域合作深入交换意见。

9 月 2 日 中国汽车制造商比亚迪公布，其位于巴西东北部亚马逊州首府玛瑙斯市的磷酸铁锂电池工厂正式投产。

9 月 3 日 中国巴西（里约）云上国际服务贸易交易会开幕。

四川省政府卫生健康委员会向莫桑比克马普托中心医院捐赠抗疫物资交接仪式在马普托举行。

9 月 7 日 作为 2020 年中国国际服务贸易交易会的专题论坛之一，莫桑比克贸易投资促进推介会在中国国家会议中心举行。

9 月 8 日 北京航空航天大学建设的中国虚拟现实技术与系统国家重点实验室与巴西 FDC 基金会签署协议，共同于巴西东南部米纳斯吉拉斯州建设中巴虚拟现实技术联合实验室及中巴智慧城市技术推广中心。

9 月 9 日 中国科学院和巴西科学院共同举办新冠肺炎疫情防控网络研讨会。

中国华为公司与安哥拉高等教育和科技创新部签署协议，协助安哥拉的通信科技师资培训。

9 月 10 日 中国帮助安哥拉建设的"火眼"实验室在罗安达举行项目落成仪式，中国驻安哥拉大使龚韬出席仪式。

9 月 14 日 中国与欧盟正式签署《中欧地理标志协定》，协定的首批保护名录中，涉及中国和欧洲各 100 种受到地理标志保护的地方名产，其中涵盖了葡萄牙的 6 种产品。

9 月 17 日 中国驻巴西大使杨万明出席中巴矿业合作在线交流会。

中国驻圣多美和普林西比大使馆和圣多美和普林西比教育部联合举行第二届"中国—圣普友谊奖学金"颁奖暨援圣多美和普林西比教育部临时简易教室剪彩仪式。

9 月 18 日 中国国务委员兼外交部长王毅应约同巴西外交部长阿劳若通电话。

9 月 19 日 应东帝汶总理鲁瓦克邀请，中国第 8 批援助东帝汶医疗队联合东帝汶华商联合会开展为期 2 个月的系列义诊活动。

9 月 23 日 中国（上海）自由贸易试验区国别（地区）中心东帝汶国家馆建立的咖啡产业中心正式揭幕。

"中国—巴西创新周"在浙江宁波举行开幕式。

9 月 24 日 东帝汶"特别优惠关税待遇原产地证书在线签发系统"试点启动仪式在东帝汶旅游贸易与工业部举行，中国驻东帝汶大使肖建国应邀出席仪式并致辞。

9 月 25 日 中国国家主席习近平同安哥拉总统洛伦索通电话。

9 月 26 日 澳门特别行政区政府高等教育局和澳门理工学院联合举办第四届世界中葡翻译大赛，共吸引来自全球 50 所大学的 211 支队伍参赛。

"北京澳门周"系列推广活动在北京王府井大街举行，设有"葡语国家产品展区"。

9 月 29 日 中国驻巴西大使馆和巴西权威智库国际关系中心（CEBRI）共同举办"疫后中国与巴西"系列线上研讨会之二"中巴智慧城市合作前景"。

2020年10月

10 月 7 日 应安哥拉政府邀请，中国政府抗疫医疗专家组一行开始在安哥拉开展为期两周的抗击新冠肺炎疫情医疗援助工作。

10 月 9 日 安哥拉能源和水务部长若昂·博尔热斯主持位于安哥拉首都罗安达郊区的水表和电表生产工厂的奠基仪式，该厂由中国恒业电子公司负责兴建。

10 月 10 日 中国政府抗疫医疗专家组以"新冠肺炎诊疗方案"为主题，面向安哥拉医护人员开展首次在线培训活动。

10 月 12 日 葡萄牙尚帕利莫基金会与山东第一医科大学在线签署合作备忘录，成立中欧免疫技术研究所。

新任中国驻几内亚比绍大使郭策向几内亚比绍总统恩巴洛递交国书。

10 月 17 日 安哥拉总统若昂·洛伦索出席中国电建在南隆达省承建的绍里木市综合医院和妇产医院的竣工验收仪式。

10 月 18 日 中国政府抗疫医疗专家组与在安哥拉的中资机构及侨界代表举行防疫座谈会。

10 月 20 日 葡萄牙科英布拉大学与葡中中小企业商会签署合作协议。

10 月 21 日 受中葡论坛常设秘书处和澳门特别行政区政府委托，由中国社会科学院世界经济与政治研究所完成的《中国—葡语国家经贸合作论坛（澳门）成立 15 周年成效与展望第三方评估》报告在澳门发布。

10 月 22 日 2020 年葡语国家产品及服务展（澳门）、第二十五届澳门国际贸易投资展览会、澳门国际品牌连锁加盟展在澳门开幕。

10 月 23 日 第十届江苏—澳门·葡语国家工商峰会在澳门举行，江苏、澳门以及葡语国家进行了一系列项目签约。

10 月 27 日 澳门理工学院与佛得角大学线上签署合作协议，在创新人才培养、深化学术交流、提升科研水平等领域开展合作。

10 月 29 日 中国驻巴西大使馆和巴西权威智库国际关系中心（CE-BRI）共同举办"疫后中国与巴西"系列线上研讨会之三"粮食安全及农业可持续发展"。

中国驻莫桑比克大使王贺军应邀出席中国—莫桑比克投资与合作视频对话会并致辞。

2020年11月

11月3日 中国房地产开发商绿地集团与巴西美利华食品集团（Minerva Foods）签署战略合作协议，计划在中国设立高端肉类蛋白分销中心。

11月4日 中国驻巴西大使杨万明出席巴西物流博览会中巴贸易合作专题在线研讨会。

11月6~8日 第八届澳门国际旅游（产业）博览会举办，博览会设有"葡语国家旅游产品推介会"。

11月9日 第三届中国国际进口博览会期间，巴西淡水河谷公司与中国北京铁矿石交易中心签署谅解备忘录。

11月11日 巴西巴西利亚联邦区政府举办"来和我玩吧2020"儿童园地中国物资捐赠专场线上仪式。

11月13~15日 澳门特别行政区政府、中央政府驻澳门联络办公室和青岛市政府共同主办"活力澳门推广周"青岛站活动。

11月18日 中国—葡萄牙文化遗产保护科学"一带一路"联合实验室启动仪式暨建设与发展研讨会在苏州大学举行，会上还同时举行山西研究基地和安徽研究基地的签约和授牌仪式。

11月24日 中国驻几内亚比绍大使郭策出席在中几比友谊医院举行的中国援助几内亚比绍药械交接仪式并致辞。

中国驻葡萄牙大使蔡润辞行拜会葡萄牙总统德索萨。

11月25~27日 澳门贸易投资促进局分别在广东省广州、中山和珠海三市举办葡语国家产品推介及商机对接会，共吸引超过360名采购商参加。

11月25日 由对外经济贸易大学国家对外开放研究院中国葡语国家研究中心编写、社会科学文献出版社出版的《葡语国家蓝皮书：葡语国家发展报告（2020）》正式发布。

11月26日 中国援助圣多美和普林西比农技留守组捐赠北京樱桃谷鸭种苗交接仪式在诺瓦·奥琳达农业示范基地举行。

11 月 28 日 中国驻圣多美和普林西比大使徐迎真出席中国援助圣多美和普林西比社会住房项目结构封顶仪式。

11 月 30 ~ 12 月 11 日 巴西专家团来华考察无锡药明生物公司和北京科兴生物公司。

2020年12月

12 月 1 日 中国驻东帝汶大使肖建国出席在东帝汶国立大学举办的 2020 年度 "中国大使奖学金" 颁奖仪式，向 60 名获得奖学金的学生颁奖。

12 月 2 ~ 3 日 第十一届国际基础设施投资与建设高峰论坛在澳门举办，其间中铁四局集团与莫桑比克住房扶持基金签署《莫桑比克 20000 套社会住房建设项目一期（10000 套）工程 EPC 承包公司》，合同总额为 9.686 亿美元。

12 月 4 日 中国第二批 100 万剂科兴生物公司研发的新冠肺炎疫苗抵达巴西圣保罗州机场，圣保罗州长若昂·多利亚前往机场亲自迎接并表示感谢。

12 月 11 ~ 13 日 由澳门贸易投资促进局、广东省商务厅联合主办的 "2020 粤澳名优商品展" 在澳门威尼斯人举行，其间展示来自葡语国家的产品。

12 月 11 日 中国援建非洲 "万村通" 莫桑比克项目在莫桑比克北部楠普拉省穆鲁普拉市举行交接仪式。

12 月 15 日 中国国家卫健委向圣多美和普林西比卫生部捐赠抗疫医疗设备交接仪式在圣多美和普林西比抗疫物资仓库举行，中国驻圣多美和普林西比大使徐迎真与圣多美和普林西比卫生部长内韦斯致辞并分别代表两国签署交接证书。

12 月 17 日 中国援圣多美和普林西比抗疟物资交接仪式在圣多美和普林西比国家疾控中心举行，徐迎真大使和圣多美和普林西比卫生部长内韦斯分别致辞并代表两国签署交接证书。

12 月 24 日　中国驻圣多美和普林西比大使徐迎真与圣多美和普林西比国家电视台台长博萨斯共同出席中国驻圣多美和普林西比使馆向圣多美和普林西比国家电视台捐赠拍摄设备的交接仪式并签署交接证书。

12 月 29 日　由中国水利水电第四工程局承建的安哥拉索约—卡帕瑞输电项目日前已正式交付予地方政府。

12 月 30 日　按照中国国家卫生健康委员会的安排部署，由四川省政府承派的援外医疗队 35 名预备队员，顺利完成为期五个月的培训，将分别赴莫桑比克、佛得角及几内亚比绍等葡语国家。

12 月 31 日　由广东外语外贸大学葡语国家研究所编撰的《中国与葡语国家合作发展报告（2020）》由社会科学文献出版社出版，同日举办发布会暨"葡韵湾区 2020"学术研讨会。

A.14
葡语国家"孔子学院"和"孔子课堂"一览表（截至2020年12月）

张　翔*

一　巴西"孔子学院"

名称	承办机构	合作机构	设立时间
圣保罗州立大学孔子学院	圣保罗州立大学	湖北大学	2008 年 07 月 24 日
巴西利亚大学孔子学院	巴西利亚大学	大连外国语大学	2008 年 09 月 26 日
里约热内卢天主教大学孔子学院	里约热内卢天主教大学	河北大学	2010 年 10 月 20 日
南大河州联邦大学孔子学院	南大河州联邦大学	中国传媒大学	2011 年 04 月 12 日
FAAP 商务孔子学院	FAAP 高等教育中心	对外经济贸易大学	2012 年 07 月 19 日
米纳斯·吉拉斯联邦大学孔子学院	米纳斯·吉拉斯联邦大学	华中科技大学	2013 年 01 月 14 日
伯南布哥大学孔子学院	伯南布哥大学	中央财经大学	2013 年 06 月 15 日
坎皮纳斯州立大学孔子学院	坎皮纳斯州立大学	北京交通大学	2014 年 07 月 17 日
帕拉州立大学孔子学院	帕拉州立大学	山东师范大学	2014 年 07 月 17 日
塞阿拉联邦大学孔子学院	塞阿拉联邦大学	南开大学	2014 年 07 月 17 日
戈亚斯联邦大学中医孔子学院	戈亚斯联邦大学	河北中医学院、天津外国语大学	2019 年 10 月 25 日

---

* 张翔，语言学（葡萄牙语）博士，澳门理工大学语言及翻译学院讲师。

二　巴西"孔子课堂"

名称	承办机构	合作机构	设立时间
圣保罗亚洲文化中心孔子课堂	圣保罗亚洲文化中心	国侨办	2008 年 06 月 03 日
华光语言文化中心孔子课堂	华光语言文化中心	—	2011 年 11 月 01 日
弗鲁米嫩塞联邦大学孔子课堂	弗鲁米嫩塞联邦大学	河北师范大学	2017 年 12 月 22 日

三　葡萄牙"孔子学院"

名称	承办机构	合作机构	设立时间
里斯本大学孔子学院	里斯本大学	天津外国语大学	2007 年 01 月 31 日
米尼奥大学孔子学院	米尼奥大学	南开大学	2005 年 12 月 09 日
阿威罗大学孔子学院	阿威罗大学	大连外国语大学	2014 年 09 月 21 日
科英布拉大学孔子学院	科英布拉大学	浙江中医药大学、北京第二外国语学院	2015 年 07 月 06 日
波尔图大学孔子学院	波尔图大学	广东外语外贸大学	2018 年 12 月 05 日

四　安哥拉"孔子学院"

名称	承办机构	合作机构	设立时间
安哥拉内图大学孔子学院	安哥拉内图大学	哈尔滨师范大学、中信建设有限责任公司	2014 年 03 月 01 日

五 莫桑比克"孔子学院"

名称	承办机构	合作机构	设立时间
蒙德拉内大学孔子学院	蒙德拉内大学	浙江师范大学	2011 年 04 月 22 日

六 圣多美和普林西比"孔子学院"

名称	承办机构	合作机构	设立时间
圣多美和普林西比大学孔子学院	圣多美和普林西比大学	湖北大学	2018 年 09 月 05 日

七 佛得角"孔子学院"

名称	承办机构	合作机构	设立时间
佛得角大学孔子学院	佛得角大学	广东外语外贸大学	2015 年 02 月 09 日

八 东帝汶"孔子课堂"

名称	承办机构	合作机构	设立时间
东帝汶商学院孔子课堂	东帝汶商学院	—	2019 年 12 月 10 日

后　记

　　《中国与葡语国家合作研究报告（2021）》是由广东外语外贸大学葡语国家研究所策划编撰的第三部年度研究报告，旨在对 2020 年中国与葡语国家的合作发展进行系统分析研究，并对双方未来的合作发展进行展望。广东外语外贸大学葡语国家研究所是以中国—葡语国家研究创新团队为主体，凝聚境内外高校和科研机构的知名学者力量的科研机构，就中国与葡语国家在经济贸易、社会文化和国际关系方面的合作发展问题开展研究，以期在学术研究、智库建设和社会服务方面为中国与葡语国家的合作提供智力参考。

　　2020 年新冠肺炎疫情给中国与葡语国家的合作带来严重冲击，但中国与葡语国家经受住了这一严峻考验，并以此为契机稳步推进经贸、教育和文化等领域的创新合作。2020 年是中国高校葡萄牙语专业创建 60 周年的重要年份并迎来首个"世界葡萄牙语日"，以孔子学院和澳门平台为主要载体，中国与葡语国家在教育领域的合作日益密切，在文化领域的交流逐步加深。新冠肺炎疫情对中国与葡语国家合作带来的影响仍在持续，如何在现有"同舟共济"的良好合作基础上，以"化危为机"的理念与智慧探索出新的合作发展之路将是双方共同的重要任务。通过中国与葡语国家命运共同体的构建与建设，中国与葡语国家的合作将持续为人类命运共同体这一宏伟目标的实现贡献更加积极的力量。

　　本报告由总报告、经贸合作篇、人文交流篇和附录等组成，共有 11 篇报告和 3 个附录。澳门大学、澳门理工大学、澳门科技大学、天津外国语大学、中南林业科技大学和广东外语外贸大学等高校的近二十位学者参与本报告的编撰。

　　广东外语外贸大学商学院丁浩副教授和西语学院尚雪娇副教授审阅了

本报告，高级翻译学院硕士研究生周露菡和西语学院葡萄牙语专业学生陈钰莹分别翻译了英文和葡文摘要与目录，西语学院巴西籍教师玛丽安娜·拉莫斯（Mariana Ramos）审订了葡文内容。普华永道广州分所薛丽娜、澳门大学硕士生黎海贤、广东外语外贸大学商学院本科生邱铭坚参与了资料整理工作。社会科学文献出版社国别区域分社张晓莉社长对本报告的策划给予持续支持，宋浩敏编辑做了大量细致专业的工作，在此一并表示感谢！

Abstract

The year of 2020 witnessed a complex international situation in which unilateralism and protectionism further spread, as well as thesevere attacks and hardships brought by the COVID-19 pandemic. With firm leadership and cool-headed response, China and Portuguese-speaking countries succeeded in withstanding these daunting challenges and turning the crisis into an opportunity to enhance their cooperation and innovation in economy and trade, education, culture and other fields. From the perspective of the cooperation between China and Portuguese-Speaking countries, the *Annual Report on the Cooperation between China and Portuguese-Speaking Countries* (*2021*) highlights the cooperation and development in realms of economic trade and social culture between China and eight Portuguese-speaking countries, namely Angola, Brazil, Cape Verde, Guinea-Bissau, Mozambique, Portugal, Sao Tome and Principle and East Timor.

Since 2020, the political situation of Portuguese-Speaking countries were basically steady. Presidents of Mozambique and Portugal have won their re-election respectively. Political crises and difficulties in policy implementation facing Guinea-Bissau and East Timor were greatly alleviated. However, fueled by the COVID-19 pandemic, a small range of anti-government demonstrations appeared in countries such as Angola and Brazil. In terms of economy, except Sao Tome and Principle enjoyed a positive economic growth of 3.09%, other Portuguese-Speaking countries all experienced different degrees of economic downturn. Therefore, it remained an unsolved issue for Portuguese-speaking countries that how to facilitate economic growth when the pandemic was haunting.

Affected by the COVID-19 pandemic in 2020, there was a small decline in the economic and trade cooperation between China and Portuguese-speaking countries. The total of merchandise trade between the two sides amounted to USD145. 185 billion (– 2. 98% year-on-year), maintaining the momentum of exceeding USD100 billion, which had lasted four consecutive years. Since services such as tourism and transportation were severely hit by the pandemic, the international trade in service dwindled sharply and China along with Portuguese-speaking countries strove to expand their cooperation in non-traditional trade in services. China's direct investment to Portuguese-speaking countries decreased remarkably, but those investments that relied on cutting-edge technologies still had promising prospects. Meanwhile, Portuguese-speaking countries also optimized their business environment to make themselves more attractive to Chinese investors. China's foreign contracted projects managed to overcome adverse factors and make stable progress, while the amount agreed in newly signed contracts dropped modestly. In Portuguese-speaking countries, the contracted projects acted as a main player in the field of infrastructure. By virtue of online trade fairs, expos and exhibitions, China and Portuguese-speaking countries were able to overcome the negative effects of the pandemic and promoted their economic and trade exchanges as well as cooperation.

The year 2020 marked the 60th anniversary of the establishment of Portuguese major in Chinese universities as well as the setting up of the first World Portuguese Language Day. The Confucius Institute was operated by the newly founded Chinese International Education Foundation, which was conducive to expanding its brand influence. To overcome the negative impact brought by the pandemic, China and Portuguese-speaking countries promoted cooperation in the education field through new channels such as virtual seminars and online interactions. Such online cooperation, including the online Portuguese learning platform and the Portuguese Education Association of the Guangdong-Hong Kong-Macao Greater Bay Area, contributed to sharing educational resources and leveraging their respective strengths. And concerning the major issue of epidemic prevention and control, China and Portuguese-speaking countries carried out multilevel academic communications, which acted as the think tank and kept providing constructive advice in public health, economic and trade cooperation, social culture and other fields.

In cultural exchanges, the Confucius Institute organized a variety of cultural activities based on promoting Chinese language education to build a platform for people of Portuguese-speaking countries to learn about Chinese culture. Moreover, Chinese and overseas Chinese groups in Portuguese-speaking countries constantly organized activities to celebrate traditional Chinese festivals, represented by the Chinese New Year. And the groups were dedicated to promoting the profound traditional culture embodied in Chinese medicine among Portuguese-speaking countries in 2020, a special year. Chinese culture was widely spread in Portuguese-speaking countries via books, films, and cultural activities, enabling local people to be informed of the achievements made by today's China. Meanwhile, with Macao as the main platform, the culture of Portuguese-speaking countries was also increasingly accessible to the Chinese public. Both China and Portuguese-speaking countries would continue to advance cultural mutual learning and communication in a two-way manner.

In 2020, when the international situation was complicated and the COVID-19 pandemic was raging/wreaking havoc, China and Portuguese-speaking countries voiced their support in the international arena. They helped each other through bilateral cooperation, fulfilling the principle of "pulling together in times of trouble". Going through the ordeal, the friendship between China and Portuguese-speaking countries became extremely precious. More importantly, with the concept and wisdom of "turning crises into opportunities", China and Portuguese-speaking countries made continuous efforts to explore new pathways of cooperation and development. And they achieved breakthroughs in the fields of services trade, digital economy and cross-border e-commerce. Such efforts offered new opportunities for cooperation and development to China and Portuguese-speaking countries, which were distantly scattered around the globe. Going forward, the pandemic will continue to profoundly change the world landscape, and the relations between major powers will become increasingly complex. But the friendship which has undergone a tough time between China and Portuguese-speaking countries will not fade, the cooperation with stable progress between them will not stagnate likewise. As Macao steadily integrates into the blueprint of national development and leverages the role as the platform, China and Portuguese-Speaking countries will certainly conduct high-quality cooperation in the new era to open a new chapter of common development. In addition, by building a community of shared destiny, China and Portuguese-Speaking countries will contribute to fulfilling the ambitious goal of "building a community of shared future for mankind".

Keywords: Portuguese-Speaking Countries; Cooperation and Development; the "Belt and Road" Initiative; Guangdong-Hong Kong-Macao Greater Bay Area; Forum Macao

Contents

I General Report

II Economic Reports

Ⅲ　Cultural Reports

Ⅳ Appendices

Resumo

O ano de 2020 testemunhou uma situação internacional complexa em que o unilateralismo e o protecionismo se espalharam cada vez mais, bem como os ataques graves e as dificuldades trazidas pela pandemia da COVID – 19. Com uma liderança firme e uma resposta calma, a China e os países de língua portuguesa conseguiram resistir a estes desafios assustadores e aproveitá-los para transformar as tais crises em oportunidade, reforçando a cooperação e a inovação contínua das duas partes nos domínios econômico e comercial, educacional, cultural e muitos outros. Na perspetiva da cooperação entre a China e os países de língua portuguesa, o *Relatório Anual sobre a Cooperação entre a China e os Países de Língua Portuguesa* (2021) destaca a cooperação e o desenvolvimento nos domínios da economia e do comércio, e da sociocultura entre a China e os oito países lusofalantes, nomeadamente Angola, Brasil, Cabo-Verde, Guiné-Bissau, Moçambique, Portugal, São Tomé e Príncipe, bem como Timor Leste.

Desde 2020, a situação política dos países de língua portuguesa foi basicamente estável e os presidentes de Moçambique e Portugal ganharam a sua reeleição, respetivamente. As crises políticas e as dificuldades com que se confrontam a Guiné-Bissau e Timor Leste foram verdadeiramente atenuadas. Todavia, alimentada pela pandemia da COVID – 19, grupos variados de manifestações anti-governo surgiram em países como Angola e o Brasil. Em termos econômicos, excepto São Tomé e Príncipe, todos os outros países de língua portuguesa registaram diferentes graus de recessão econômica. Por conseguinte, promover o crescimento econômico sob a nova situação da pandemia ainda continua a ser uma questão importante a ser resolvida pelos países de língua portuguesa.

Resumo ↖↘

Afetada pela pandemia da COVID – 19 em 2020, verificou-se um pequeno declínio na cooperação econômica e comercial entre a China e os países de língua portuguesa. O valor total do comércio de mercadorias entre as duas partes correspondeu ao USD145. 185 bilhões (com diminuição de 2, 98% comparando com o ano passado), mantendo o impulso de exceder os USD100 bilhões, que duraram quatro anos consecutivos. Além disso, uma vez que serviços como o turismo e o transporte foram gravemente afetados pela pandemia, o comércio internacional de serviços diminuiu drasticamente e a China, juntamente com os países de língua portuguesa, esforçou-se por alargar sua cooperação no comércio não tradicional de serviços. O investimento direto da China nos países de língua portuguesa diminuiu consideravelmente, mas os investimentos que dependiam de tecnologias de ponta ainda tinham perspetivas promissoras. Ao mesmo tempo, os países de língua portuguesa também otimizaram seu ambiente de negócios para tornarem-se mais atraente para os investidores chineses. Os projetos estrangeiros contratados pela China conseguiram superar fatores adversos e desenvolver-se firmemente, enquanto o montante acordado em contratos recentemente assinados caiu modestamente. Nos países de língua portuguesa, os projetos contratados desempenharam papel principal no domínio da infraestrutura. Em virtude das feiras comerciais, exposições e exibições online, a China e os países de língua portuguesa conseguiram superar os efeitos negativos da pandemia e promoveram a cooperação e os intercâmbios econômicos e comerciais.

O ano de 2020 marcou o 60° aniversário do estabelecimento do curso de Português em instituições de ensino superior da China, bem como a criação do primeiro Dia Mundial da Língua Portuguesa. O Instituto Confúcio foi operado pela recém-fundada Fundação Chinesa de Educação Internacional, que foi conducente à expansão de sua influência na marca. Para superar o impacto negativo causado pela pandemia, a China e os países de língua portuguesa promoveram a cooperação no domínio da educação através de formas inovadoras, tais como seminários virtuais e interações online. Esta cooperação online, incluindo a plataforma online de apren-dizagem portuguesa e a Aliança da Educação de Língua Portuguesa na Área da Grande Baía Guangdong-Hong Kong-Macau, contribuíram para a partilha dos re-cursos educativos e a complementaridade dos respetivos pontos fortes. E no que se refere à principal questão da prevenção e controle da pandemia, a China e os países de língua portuguesa efetuaram comunicações acadêmicas em vários níveis, que desempenharam bem o papel de *think tank* e continuaram a prestar aconselhamento construtivo em matéria de saúde pública, cooperação econômica e comercial, soci-ocultural e outros domínios.

Em termos de intercâmbios culturais, o Instituto Confúcio organizou uma va-riedade de atividades culturais baseadas na promoção da educação em língua chinesa para construir uma plataforma para as pessoas de países de língua portu-guesa aprenderem a cultura chinesa. Além disso, os grupos chineses e os ultrama-rinos em países de língua portuguesa organizaram atividades para celebrar festivais tradicionais chineses, representados pelo Ano Novo Chinês. E os grupos ainda fo-ram dedicados a promover a cultura tradicional profunda, representada sobretudo pela medicina chinesa, entre os países de língua portuguesa nesse ano especial de 2020. Por meio de livros, filmes e outros meios de comunicação, a experiência bem-sucedida da China no campo da prevenção e controle da pandemia COVID – 19 e da construção têm sido efetivamente divulgadas nos países de língua portugue-sa. Ao mesmo tempo, considerando Macau como plataforma principal, a cultura dos países de língua portuguesa também se tornou cada vez mais acessível ao público chinês. Tanto a China como os países de língua portuguesa continuariam a promover mutuamente a aprendizagem e a integração culturais.

Em 2020, quando a situação internacional era inusitada e a pandemia da CO-VID – 19 estava a causar estragos, a China e os países de língua portuguesa mani-festaram seu apoio na cena internacional. Ajudavam-se mutuamente através de cooperação bilateral, cumprindo o princípio de "juntar-se em tempos de dificuldade" . Passando pela provação, a amizade entre a China e os países de língua portuguesa tornou-se extremamente preciosa. Mais importante é que, com o conceito e a sabedoria de "transformar crises em oportunidades", a China e os países de língua portuguesa fizeram esforços contínuos para explorar novos caminhos de cooperação e desenvolvimento, e alcançaram avanços nos domínios dos serviços de comércio, da economia digital e do comércio eletrônico transfronteiriço. Tais esforços ofereceram novas oportunidades de cooperação e desenvolvimento à China e aos países de língua portuguesa, que são originalmente distantes e amplamente distribuídos. Olhando para o futuro, a pandemia continuará a mudar profundamente o cenário mundial, e as relações entre as grandes potências tornar-se-ão cada vez mais complexas. Mas a amizade que passou por tempos difíceis entre a China e os países de língua portuguesa não se desvanecerá, e a cooperação com progresso estável entre eles não estagnará igualmente. À medida que Macau se integra firmemente no quadro geral do desenvolvimento nacional e desempenha continuamente o papel de plataforma, a China e os países de língua portuguesa devem levar uma cooperação de alta qualidade na nova era para abrir um novo capítulo do desenvolvimento comum. Além disso, ao construir uma comunidade de destino comum, a China e os países de língua portuguesa contribuirão para cumprir o objetivo ambicioso de "construir uma comunidade de destino comum da humanidade" .

Palavras-chave: Países de Língua Portuguesa; Cooperação e Desenvolvimento; Iniciativa "Um Cinturão, Uma Rota"; Área da Grande Baía Guangdong-Hong Kong-Macau; Fórum Macau

Conteúdo

I Relatório Geral

II Relatórios Econômicos

III Relatórios Culturais

IV Apêndice

图书在版编目（CIP）数据

中国与葡语国家合作研究报告. 2021 / 丁浩，尚雪
娇主编. —— 北京：社会科学文献出版社，2022.12
ISBN 978 - 7 - 5228 - 0933 - 5

Ⅰ.①中…　Ⅱ.①丁…②尚…　Ⅲ.①中外关系 - 葡
萄牙语 - 国家 - 研究报告 - 2021　Ⅳ.①D822.31

中国版本图书馆 CIP 数据核字（2022）第 226471 号

中国与葡语国家合作研究报告（2021）

主　　编／丁　浩　尚雪娇

出 版 人／王利民
组稿编辑／张晓莉
责任编辑／宋浩敏
责任印制／王京美

出　　版／社会科学文献出版社 · 国别区域分社（010）59367078
　　　　　　地址：北京市北三环中路甲 29 号院华龙大厦　邮编：100029
　　　　　　网址：www.ssap.com.cn
发　　行／社会科学文献出版社（010）59367028
印　　装／三河市龙林印务有限公司

规　　格／开　本：787mm × 1092mm　1/16
　　　　　　印　张：14.5　字　数：212 千字
版　　次／2022 年 12 月第 1 版　2022 年 12 月第 1 次印刷
书　　号／ISBN 978 - 7 - 5228 - 0933 - 5
定　　价／128.00 元

读者服务电话：4008918866

▲ 版权所有 翻印必究